AF375544

Nick Olsen

Ungezähmt und unabhängig

Mein Weg zum Sigma-Mann

Impressum

Bibliografische Information der
Deutschen Nationalbibliothek:
Die Deutsche Nationalbibliothek verzeichnet diese
Publikation in der Deutschen Nationalbibliografie;
detaillierte bibliografische Daten sind im Internet
über http://dnb.dnb.de abrufbar.

Die automatisierte Analyse des Werkes, um daraus
Informationen insbesondere über Muster, Trends und
Korrelationen gemäß §44b UrhG („Text und Data Mining")
zu gewinnen, ist untersagt.

© 2024 Nick Olsen

Lektorat: Friedrich Barenbeck CHECKart Bonn
Korrektorat: Hendrik Meyer, Caroline Bastke

Herstellung und Verlag:
BoD – Books on Demand, Norderstedt

ISBN: 978-3-7597-3428-0

Inhaltsübersicht

1. Die Entdeckung des Sigma-Mannes

Die Definition eines Sigma-Mannes

In der faszinierenden Landschaft der menschlichen Persönlichkeiten und Verhaltensweisen ist der Sigma-Mann eine herausragende Figur, die sowohl Rätsel als auch Inspiration verkörpert. Doch was genau macht einen Sigma-Mann aus? Lass uns in dieses faszinierende Thema eintauchen und die Essenz dieser eigenständigen Persönlichkeit erkunden.

Die Sigma-Persönlichkeit: Eine einzigartige Mischung aus Eigenschaften

Ein Sigma-Mann ist kein Produkt der Norm oder des Mainstreams. Er ist eine seltene Kombination aus Eigenschaften, die ihn von anderen Männern unterscheidet. Anders als der Alpha-Mann, der oft die Führung übernimmt und im Rampenlicht steht, oder der Beta-Mann, der sich oft in einer unterstützenden Rolle befindet, wählt der Sigma-Mann einen eigenen Weg. Er ist unabhängig, introvertiert, nonkonformistisch und oft ein Einzelgänger. Diese Eigenschaften formen seine Persönlichkeit und prägen seine Interaktionen mit der Welt um ihn herum.

Unabhängigkeit als Leitmotiv

Ein Sigma-Mann definiert sich durch seine Unabhängigkeit. Er ist nicht darauf angewiesen, sich an gesellschaftliche Erwartungen oder Normen anzupassen. Stattdessen folgt er seinem eigenen Kompass und gestaltet sein Leben nach seinen eigenen Regeln. Diese Unabhängigkeit ermöglicht es ihm, authentisch zu sein und seine Ziele ohne die Einschränkungen von äußeren Zwängen zu verfolgen.

Die Kunst der Introversion

Im Gegensatz zum Klischee des extrovertierten Alpha-Mannes ist der Sigma-Mann oft introvertiert. Er zieht es vor, seine Zeit in der Stille zu verbringen, wo er Raum für Reflexion und Selbstentwicklung findet. Diese introvertierte Natur bedeutet jedoch nicht, dass er schüchtern oder unsozial ist. Vielmehr bevorzugt er tiefgründige Gespräche und bedeutungsvolle Beziehungen zu einer ausgewählten Gruppe von Menschen.

Nonkonformität als Lebensphilosophie

Für den Sigma-Mann ist Konformität ein Fremdwort. Er lehnt Mainstream-Idealen und -Verhaltensweisen ab und wählt stattdessen den Pfad der Authentizität. Diese Nonkonformität ermöglicht es ihm, seinen eigenen Weg zu gehen und sein Leben nach seinen eigenen Vorstellungen zu gestalten. Es ist diese Bereitschaft, gegen den Strom zu schwimmen, die ihn zu einem Pionier und Innovator macht.

Einzelgängerisches Verhalten als Stärke

Obwohl der Sigma-Mann in der Gesellschaft oft als Einzelgänger betrachtet wird, ist seine Unabhängigkeit und Selbstständigkeit seine größte Stärke. Er ist nicht darauf angewiesen, sich an Gruppen anzuschließen oder in sozialen Hierarchien aufzusteigen, um seinen Wert zu beweisen. Stattdessen findet er Erfüllung und Zufriedenheit in seiner eigenen Gesellschaft und vertraut auf seine inneren Ressourcen, um seine Ziele zu erreichen.

In der Welt der männlichen Archetypen steht der Sigma-Mann als Symbol für Selbstbestimmung, Unabhängigkeit und Authentizität. Durch die Kombination seiner einzigartigen Eigenschaften und Werte formt er eine Persönlichkeit, die sowohl faszinierend als auch inspirierend ist. Es ist diese Eigenständigkeit und Stärke, die den Sigma-Mann zu einem wertvollen Beitrag zur Vielfalt der menschlichen Erfahrung machen.

In diesem Buch geht es darum, dich selbst besser kennenzulernen und herauszufinden, ob du ein Sigma-Mann bist. Also schnall dich an, denn wir machen eine spannende Reise zu deinem wahren Selbst!

Bist du bereit, dich zu entdecken?

Zuerst einmal, lass uns den Mythos um den Sigma-Mann ein wenig entmystifizieren. Ein Sigma-Mann zu sein, ist keine geheimnisvolle Angelegenheit, die nur den Auserwählten vorbehalten ist. Nein, es ist viel mehr eine Frage der Perspektive und des Lebensstils.

Schau in den Spiegel

Stell dich vor den Spiegel und schau dir selbst ins Gesicht. Was siehst du? Siehst du einen Mann, der seinen eigenen Weg geht? Einen Mann, der sich nicht darum schert, was andere von ihm denken? Wenn ja, dann bist du auf dem richtigen Weg, mein Freund!

Fühlst du dich wie ein Außenseiter?

Hast du dich jemals wie ein Außenseiter gefühlt? Vielleicht hast du das Gefühl, nicht wirklich in das traditionelle Alpha- oder Beta-Männchen-Schema zu passen. Nun, das ist ein gutes Zeichen! Sigma-Männer fühlen sich oft nicht wohl in den gängigen sozialen Strukturen und bevorzugen ihre Unabhängigkeit.

Die Kraft der Introversion

Bist du introvertiert? Fühlst du dich manchmal am wohlsten, wenn du alleine bist oder in kleinen, vertrauten Gruppen? Keine Sorge, das ist völlig in Ordnung! Sigma-Männer ziehen es oft vor, ihre Energie aus der Einsamkeit zu ziehen und sind stark in ihrer eigenen Gesellschaft.

Authentizität über Anpassung

Schließlich, wie wichtig ist es dir, authentisch zu sein? Bist du bereit, deinen eigenen Weg zu gehen, auch wenn das bedeutet, gegen den Strom zu schwimmen? Sigma-Männer lassen sich nicht von gesellschaftlichen Erwartungen oder Mainstream-Trends beeinflussen. Sie leben nach ihren eigenen Regeln!

Fazit: Bist du ein Sigma-Mann?

Nun, nachdem du diesen interaktiven Selbsttest durchlaufen hast, wie fühlst du dich? Wenn du dich mit den Eigenschaften eines Sigma-Mannes identifizieren kannst - Unabhängigkeit, Introversion, Nonkonformität und Authentizität - dann herzlichen Glückwunsch! Du bist auf dem besten Weg, dein volles Sigma-Potenzial zu entfalten.

Und falls nicht? Keine Sorge! Dieses Buch wird dir helfen, deine einzigartigen Qualitäten zu schätzen und deinen eigenen Weg zu finden, ganz gleich, ob du ein Alpha, Beta oder irgendwo dazwischen bist. Denn am Ende des Tages geht es darum, die beste Version von dir selbst zu sein!

2. Unabhängigkeit kultivieren

Loslösung von gesellschaftlichen Erwartungen

Es gibt eine Sache, die das Herz des Sigma-Mannes auf besondere Weise anspricht: Die Kunst der Unabhängigkeit. In einer Welt, die oft darauf aus ist, uns in Schubladen zu stecken und uns zu sagen, wer wir sein sollen, ist es von entscheidender Bedeutung, unsere eigene Identität zu finden und zu festigen. Also, lass uns gemeinsam die Fesseln der gesellschaftlichen Erwartungen lösen und die Freiheit entdecken, unser authentisches Selbst zu sein.

Der Ruf der Freiheit

Hast du jemals das Verlangen verspürt, den Fesseln der Konventionen zu entkommen? Das Gefühl, dass die Welt dir sagt, wer du sein sollst, aber du weißt tief in dir, dass das nicht deine wahre Natur ist? Dieser Ruf der Freiheit ist ein zentraler Bestandteil des Sigma-Mannes. Er ist bereit, den Weg weniger bereister Pfade zu gehen und seine eigene Reise zu gestalten, ungeachtet dessen, was andere denken.

Die Macht der Selbstbestimmung

Unabhängigkeit bedeutet nicht nur, den Erwartungen anderer zu entkommen, sondern auch die Macht zu haben, sein eigenes Schicksal zu lenken. Der Sigma-Mann erkennt, dass er die Kontrolle über sein Leben hat und dass seine Entscheidungen und Handlungen seine eigene Zukunft formen. Er ist nicht passiv, sondern proaktiv in der Gestaltung seines Lebensweges.

Das Loslassen von gesellschaftlichen Normen

In einer Welt, die oft nach bestimmten Standards und Normen verlangt, ist es eine wahre Kunst, sich von diesen Zwängen zu befreien. Der Sigma-Mann lebt nicht nach den Regeln anderer, sondern nach seinen eigenen Werten und Überzeugungen. Er ist bereit, die Erwartungen der Gesellschaft in Frage zu stellen und seinen eigenen Weg zu gehen, auch wenn das bedeutet, dass er gegen den Strom schwimmen muss.

Die Entdeckung der eigenen Stärke

Wenn wir uns von gesellschaftlichen Erwartungen lösen, entdecken wir oft unsere wahre Stärke. Der Sigma-Mann findet in seiner Unabhängigkeit eine Quelle der Empowerment. Er lernt, auf sein eigenes Urteil zu vertrauen und sich auf seine Fähigkeiten zu verlassen, um Hindernisse zu überwinden und seine Ziele zu erreichen. In der Loslösung von gesellschaftlichen Erwartungen findet er eine neue Ebene der Selbstsicherheit und Selbstbestätigung.

Fazit: Die Freiheit, du selbst zu sein

In einer Welt, die oft versucht, uns in vorgefertigte Formen zu pressen, ist es von unschätzbarem Wert, die Freiheit zu finden, du selbst zu sein. Die Loslösung von gesellschaftlichen Erwartungen ist der erste Schritt auf dem Weg zur Selbstverwirklichung und zur Entfaltung unseres vollen Potenzials als Sigma-Mann. Also, lass uns gemeinsam den Mut finden, unseren eigenen Weg zu gehen und die Freiheit zu entdecken, die in der Unabhängigkeit liegt.

Die Kraft der Selbstbestimmung

Auf deiner Reise zur Sigma-Persönlichkeit gilt es ohne Zweifel, die Macht der Unabhängigkeit zu erkunden und wie du sie kultivieren kannst, um dein volles Potenzial zu entfalten. Mach dich bereit, denn wir werden in die Welt der Selbstbestimmung eintauchen und von einer bedeutenden Gestalt der Weltgeschichte lernen.

Die Bedeutung der Unabhängigkeit

Unabhängigkeit ist ein wesentlicher Bestandteil des Sigma-Lebensstils. Es geht darum, deine eigenen Entscheidungen zu treffen, deine eigenen Wege zu gehen und dich nicht von äußeren Einflüssen oder Erwartungen beeinflussen zu lassen. Die Kraft der Selbstbestimmung liegt in deinen Händen, und es ist an der Zeit, sie zu nutzen!

Ein Blick in die Geschichte

Lass uns von einer Person aus der Geschichte lernen, die die Kraft der Unabhängigkeit und Selbstbestimmung in einem außergewöhnlichen Maße verkörperte: Leonardo da Vinci. Dieser legendäre Renaissance-Mensch war nicht nur ein herausragender Maler, sondern auch ein brillanter Erfinder, Wissenschaftler und Denker.

Leonardos Streben nach Freiheit

Leonardo da Vinci war kein Mann, der sich leicht in eine Schublade stecken ließ. Er war ein Visionär, der es wagte, über die Grenzen seiner Zeit hinauszudenken und seiner Kreativität freien Lauf zu lassen. Als unabhängiger Geist war er nicht an die

Konventionen seiner Zeit gebunden, sondern strebte danach, seine eigenen Ideen zu verwirklichen.

Die Macht der Selbstbestimmung

Leonardo da Vinci war ein Mann, der die Macht der Selbstbestimmung verstand. Er ließ sich nicht von gesellschaftlichen Normen oder Erwartungen einschränken, sondern folgte seinem eigenen inneren Kompass. Seine Unabhängigkeit ermöglichte es ihm, seine einzigartige Vision der Welt zu verwirklichen und einen bleibenden Einfluss auf die Menschheit zu hinterlassen.

Schlussfolgerung: Deine Reise zur Unabhängigkeit

Nun, lass uns aus Leonardos Beispiel lernen und unsere eigene Reise zur Unabhängigkeit antreten. Es ist an der Zeit, die Fesseln der Konformität abzulegen und die Kraft der Selbstbestimmung zu entfesseln. Egal, ob du ein Künstler, ein Wissenschaftler, ein Unternehmer oder ein Träumer bist, deine Unabhängigkeit ist der Schlüssel zu deinem Erfolg und deiner Erfüllung.

Also geh hinaus in die Welt und lebe nach deinen eigenen Regeln. Kultiviere deine Unabhängigkeit und umarme die Freiheit, dein Schicksal in die Hand zu nehmen. Denn am Ende des Tages liegt es an dir, dein Leben zu gestalten und deine Träume zu verwirklichen. Sei wie Leonardo da Vinci - ein unabhängiger Geist, der die Welt mit seinen Ideen verändert hat!

3. Introvertiertes Stärken

Die Vorteile der Introversion

Wenn du dich schon immer ein wenig anders gefühlt hast, wenn du es liebst, deine Zeit allein zu verbringen oder dich in der Ruhe deiner eigenen Gedanken verlierst, dann bist du hier genau richtig.

Die stille Kraft der Introversion

Schau dich um, überall hörst du lautes Geplapper, siehst aufgeregte Menschenmassen und fühlst die ständige Präsenz von Aktivitäten. Aber was ist mit der stillen Kraft der Introversion? Introvertierte Menschen haben eine innere Stärke, die oft übersehen wird, aber die sich als wahre Superkraft erweisen kann!

Ein wahrer Schatz: Die Tiefe der Gedanken

Während Extrovertierte sich gerne im Rampenlicht sonnen und ihre Gedanken laut herausposaunen, genießen Introvertierte die Tiefe ihrer eigenen Gedankenwelt. Sie nehmen sich die Zeit, über

Dinge nachzudenken, zu reflektieren und tiefe Einsichten zu gewinnen. Sie sind wie Taucher, die in die tiefsten Meeresgründe abtauchen und dort die wertvollsten Schätze entdecken!

Die Macht der Ruhe und Besinnung

Während Extrovertierte oft auf der Jagd nach dem nächsten großen Kick sind und sich in ständiger Aktivität wiederfinden, ziehen Introvertierte ihre Energie aus der Ruhe. Sie schätzen die Momente der Stille, in denen sie sich aufladen können wie Batterien, um dann mit frischer Energie in die Welt hinauszugehen. Es ist wie ein sanfter Regen, der die Erde befeuchtet und neues Leben erblühen lässt.

Authentische Verbindungen statt oberflächlicher Beziehungen

Und was ist mit Beziehungen? Nun, während Extrovertierte gerne das Zentrum der Aufmerksamkeit sind und viele flüchtige Bekanntschaften schließen, bevorzugen Introvertierte authentische und tiefgründige Verbindungen. Sie mögen es, sich mit wenigen, aber bedeutsamen Menschen zu umgeben, mit denen sie sich auf einer tieferen Ebene verbinden können.

Die strahlenden Sieger der Introversion

Du siehst also, welche Art von Sieger der introvertierte Mann sein kann. Deine Introversion ist keine Schwäche, sondern deine größte Stärke! Während Extrovertierte in der Menge untergehen können, stehst du als leuchtendes Beispiel für die Macht der inneren Ruhe, der tiefen Gedanken und der authentischen Verbindungen.

Auf dem Weg zum Sigma-Dasein umarme deine Introversion mit stolzgeschwellter Brust und lass sie wie einen leuchtenden Stern am Himmel strahlen! Denn in einer Welt, die oft den Lärm über die Stille stellt, bist du das leuchtende Licht, das die Dunkelheit durchdringt und die Welt mit deiner einzigartigen Strahlkraft erhellt!

Die Kunst der wirkungsvollen Zurückhaltung

Wenn du mehr und mehr zu dir selber findest, wirst du lernen, wie mächtig und einflussreich es sein kann, sich zurückzulehnen und im richtigen Moment zu handeln. Und um dir zu zeigen, dass Zurückhaltung keine Schwäche ist, werde ich dir die inspirierende Geschichte von Jörn erzählen, einem introvertierten schwedischen Studenten, der die Kunst der Zurückhaltung meisterhaft beherrschte.

Jörns Geschichte: Der introvertierte Erfinder

Jörn war kein Mann großer Worte. Er war ruhig, zurückhaltend und liebte es, in seiner eigenen Welt zu sein. Als Student an der Technischen Universität Stockholm verbrachte er Stunden in seinem Labor, vertieft in seine Forschungen und Experimente.

Eines Tages, während alle um ihn herum laut über ihre Ideen sprachen, hielt Jörn inne. Er erkannte, dass er nicht der Typ war, der seine Ideen ständig herausschreien musste. Stattdessen beschloss er, seine Energie darauf zu konzentrieren, wirklich bahnbrechende Erfindungen zu machen.

Die Mega-Erfindung: Ein Durchbruch der Zurückhaltung

Und so geschah es. In einem stillen Moment der Inspiration entwickelte Jörn eine revolutionäre Technologie, die die Welt verändern sollte. Seine Erfindung war nicht das Ergebnis lauter Rufe oder übermäßigen Auftretens, sondern des tiefen Nachdenkens und der unerschütterlichen Hingabe zur Perfektion.

Die Nachricht von Jörns Durchbruch verbreitete sich wie ein Lauffeuer. Plötzlich war dieser introvertierte Student das Gesprächsthema Nummer eins in der Welt der Technologie. Doch statt sich im Rampenlicht zu sonnen, blieb Jörn bescheiden und zurückhaltend, während er weiterhin hart arbeitete, um seine Erfindung zu perfektionieren.

Die Magnetkraft der Zurückhaltung: Alle Frauen wollten ihn

Was Jörn jedoch nicht erwartet hatte, war die unerwartete Nebenwirkung seiner Zurückhaltung. Frauen aus allen Ecken der Welt wurden von seiner mysteriösen Aura angezogen. Sie bewunderten seine Bescheidenheit und die tiefe Konzentration, mit der er seiner Leidenschaft nachging.

Jörn wurde zu einem Magnet für weibliche Aufmerksamkeit, ohne auch nur einen Finger zu rühren. Er musste nicht wie ein Alpha-Männchen herumtollen oder sich in den Mittelpunkt stellen. Seine ruhige Ausstrahlung und seine faszinierende Persönlichkeit zogen die Menschen magisch an, ohne dass er es überhaupt bemerkte.

Fazit: Die Macht der Zurückhaltung entfesseln

Die Geschichte von Jörn ist ein leuchtendes Beispiel für die transformative Kraft der Zurückhaltung. Indem er sich auf seine Leidenschaft und sein Handwerk konzentrierte, erlangte er nicht nur weltweite Anerkennung als Erfinder, sondern zog auch unerwartet die Aufmerksamkeit der Frauen an.

Lass auch du dich von Jörns Geschichte inspirieren und entfessele die Macht der Zurückhaltung in deinem eigenen Leben. Wer weiß, welche erstaunlichen Möglichkeiten sich dir bieten, wenn du lernst, im richtigen Moment zurückzutreten und den Zauber der Stille zu umarmen!

4. Nonkonformität als Lebensstil

Abkehr von Mainstream-Idealen

In einer Welt, in der Konformität oft als Tugend angesehen wird, ist es an der Zeit, die Dinge aus einer neuen Perspektive zu betrachten. Also lass uns gemeinsam eintauchen und erkunden, warum es so wichtig ist, gegen den Strom zu schwimmen.

Der Tanz mit den Mainstream-Idealen

Schaut man sich um, wird deutlich, wie stark die Mainstream-Idealen unser Leben durchdringen. In Deutschland und weltweit werden wir mit einem ständigen Strom von Normen und Erwartungen bombardiert - sei es in Bezug auf Karriere, Lifestyle, Schönheitsideale oder sogar politische Ansichten. Doch was passiert, wenn wir uns weigern, diesem Tanz zu folgen? Was passiert eigentlich, wenn wir den Mut haben, unseren eigenen Weg zu gehen?

Die Schattenseiten der Konformität

Schauen wir uns die Schattenseiten der Konformität an. In Deutschland, wie auch anderswo, führt die obsessiv geförderte Konformität oft zu einer homogenen Gesellschaft, in der Individualität unterdrückt wird. Die Angst vor dem Anderssein führt dazu, dass viele Menschen sich verbiegen, um in das enge Korsett der Mainstream-Erwartungen zu passen. Doch auf lange Sicht führt diese Unterdrückung der Individualität zu einer Gesellschaft, die stagniert und kreatives Potenzial ungenutzt lässt. Derzeit spürt man dies in Deutschland an allen Ecken und Enden. Keine wirklich tolle Perspektive für die Zukunft, oder?

Das Erwachen zur Nonkonformität

Aber es gibt Hoffnung! Immer mehr Menschen erwachen zur Nonkonformität und erkennen die Schönheit und Stärke des Andersseins. Sie weigern sich, sich den engen Grenzen der Mainstream-Idealen zu unterwerfen und suchen stattdessen nach Authentizität und Selbstverwirklichung. Sie sind die Vorreiter einer neuen Bewegung, die Vielfalt und Individualität feiert.

Der Weg nach vorne: Eine Kultur der Akzeptanz und Toleranz

Was können wir also tun, um eine Kultur der Nonkonformität zu fördern und das Beste aus unserer Gesellschaft herauszuholen? Zunächst müssen wir den Mut haben, unsere eigenen Überzeugungen zu vertreten und anderen Raum für ihre Individualität zu geben. Wir müssen die Vielfalt als Bereicherung sehen, nicht als Bedrohung. Es ist an der Zeit, eine Kultur der Akzeptanz und Toleranz zu schaffen, in der jeder sein volles Potenzial entfalten kann, unabhängig von gesellschaftlichen Normen und Erwartungen.

Schlussgedanken: Dein Weg zur Nonkonformität

Lass dich also nicht von den Mainstream-Idealen einschränken. Sei mutig, sei authentisch, sei du selbst! Denn in der Nonkonformität liegt die wahre Freiheit und die Möglichkeit, eine Welt zu gestalten, die vielfältig, bunt und voller Leben ist. Lass uns Sigma-Männer gemeinsam den Mut haben, gegen den Strom zu schwimmen und eine Zukunft zu schaffen, die von Individualität und Kreativität geprägt ist.

Authentizität über Konformität

Wir sind nicht unbedingt dazu da, die Grundfesten der Gesellschaft ins Wanken zu bringen. Aber in einer Welt, die oft nach Einheitlichkeit strebt, ist es an der Zeit, die Flagge der Nonkonformität hochzuhalten und die Bedeutung von Authentizität über Konformität zu erkunden.

Die Maske der Konformität

Stell dir vor, du bist in deinem frühen bis mittleren Erwachsenenalter, voller Träume und Ambitionen. Doch die Welt um dich herum scheint dir einen klaren Weg vorzugeben: Geh zur Schule, mach deinen Abschluss, finde einen sicheren Job, gründe eine Familie. Klingt vertraut? Das ist die Maske der Konformität, die uns oft erstickt und unsere Individualität unterdrückt.

Die Verlockung des Mainstreams

In einer Gesellschaft, die den Mainstream verehrt, ist es leicht, sich in der Masse zu verlieren. Die Versuchung, sich anzupassen und den Erwartungen anderer zu entsprechen, ist groß. Vielleicht siehst du deine Freunde auf Instagram, die alle dasselbe tun: die gleichen Trends folgen, die gleichen Orte besuchen, die gleichen Dinge mögen. Doch wo bleibt die Einzigartigkeit in dieser Gleichförmigkeit?

Die Befreiung durch Authentizität

Glaube mir: Authentizität ist der Schlüssel zur Befreiung aus diesem Gefängnis der Konformität. Wenn du deinem wahren Selbst treu bleibst und deine Einzigartigkeit zelebrierst, öffnest du die Tür zu einem Leben voller Erfüllung und Erfolg. Denn Authentizität ist nicht nur ein Lebensstil, sondern eine Lebensphilosophie, die dich dazu ermutigt, deine eigenen Werte, Interessen und Überzeugungen zu leben.

Nehmen wir zum Beispiel ruhig Lisa, eine 25-jährige Frau, die in einer Welt der Mode und Schönheit lebt. Statt den gängigen Schönheitsidealen zu folgen, entscheidet sie sich dafür, ihren eigenen Stil zu pflegen und ihre Natürlichkeit zu umarmen. Trotz anfänglicher Widerstände findet sie schließlich Erfolg und Anerkennung, weil sie authentisch ist und sich nicht verbiegt, um anderen zu gefallen.

Oder betrachten wir als männliches Beispiel Mark, einen 28-jährigen Mann, der in der Unternehmenswelt arbeitet. Anstatt sich dem Druck zu beugen, ständig Überstunden zu machen und einen oberflächlichen Erfolg zu verfolgen, entscheidet er sich dafür, seine Leidenschaften zu verfolgen und ein ausgewogenes Leben zu führen. Trotz anfänglicher Zweifel findet er schließlich Erfüllung und Glück, weil er seinem Herzen folgt und authentisch bleibt.

Schlussgedanken

Wir halten fest: Authentizität ist kein Luxus, den sich nur wenige leisten können. Es ist der einzige Weg zum wahren Erfolg und zur inneren Zufriedenheit. Indem du deinen eigenen Weg gehst und deine Individualität feierst, inspirierst du nicht nur dich selbst, sondern auch andere um dich herum, dasselbe zu tun. Also sei mutig, sei echt und sei du selbst - denn das ist der Schlüssel zu einem erfüllten Leben!

5. Die Kunst des Einzelgängertums

Die Vorzüge des Alleinseins

Ich möchte dir an dieser Stelle eine Überlegung mitteilen, die uns dazu einlädt, innezuhalten und über die Vorzüge des Alleinseins nachzudenken. Es ist kein Geheimnis, dass nicht jeder die Einsamkeit schätzt oder sich damit wohl fühlt. Doch in einer Welt, die oft von sozialen Interaktionen und ständiger Verbindung geprägt ist, ist es wichtig, die Kunst des Einzelgängertums zu verstehen und die Vorzüge des Alleinseins zu erkennen.

Das Bedürfnis nach Alleinsein

Für manche Menschen ist Alleinsein eine Quelle der Ruhe, der Inspiration und des persönlichen

Wachstums. Sie nutzen diese Zeit, um sich selbst besser kennenzulernen, ihre Gedanken zu ordnen und ihre Kreativität zu entfalten. Doch für andere kann Alleinsein eine Herausforderung sein, die mit Gefühlen von Einsamkeit, Isolation und Unbehagen verbunden ist.

Entspricht es meinem Wesen?

Die Frage, ob das Alleinsein dem eigenen Wesen entspricht, ist eine wichtige. Einige Menschen fühlen sich von Natur aus wohl in ihrer eigenen Gesellschaft und ziehen es vor, unabhängig und selbständig zu sein. Für sie ist das Alleinsein ein natürlicher Zustand, der ihnen ermöglicht, ihre Batterien aufzuladen und ihre Stärken zu entwickeln.

Andere hingegen sehnen sich nach sozialer Interaktion, nach Nähe und Verbundenheit mit anderen Menschen. Für sie kann das Alleinsein eine Herausforderung sein, die mit inneren Konflikten und einem Gefühl der Leere verbunden ist. Doch auch sie können lernen, die Vorzüge des Alleinseins zu schätzen und die Zeit mit sich selbst zu genießen. Wenn du ein Sigma-Persönlichkeit bist, ist es für dich das Natürlichste der Welt.

Die Vorzüge des Alleinseins

Denn trotz der Herausforderungen bietet das Alleinsein zahlreiche Vorzüge, die es zu schätzen gilt.

In der Stille der eigenen Gesellschaft können wir unsere Gedanken klären, unsere Ziele reflektieren und unsere Träume verfolgen. Wir können uns selbst besser kennenlernen, unsere Stärken und Schwächen akzeptieren und unsere Selbstliebe stärken.

Das Alleinsein ermöglicht es uns auch, unsere Kreativität zu entfalten, unsere Leidenschaften zu verfolgen und unsere persönliche Entwicklung voranzutreiben. Wir können uns auf unsere eigenen Bedürfnisse konzentrieren, unsere Zeit und Energie effektiv nutzen und unsere Ziele mit Leidenschaft und Entschlossenheit verfolgen.

Fazit: Die Kunst des Einzelgängertums

Das Alleinsein ist keine Einsamkeit, sondern eine Quelle der Stärke, der Inspiration und des persönlichen Wachstums. Es ist die Fähigkeit, sich selbst zu akzeptieren, sich selbst zu lieben und in seiner eigenen Gesellschaft Frieden zu finden. Also lass uns die Kunst des Einzelgängertums schätzen und die Vorzüge des Alleinseins genießen, denn in der Stille unserer eigenen Gesellschaft können wir die wahre Größe unseres Selbst entdecken.

Einsamkeit vs. Alleinsein: Eine Unterscheidung

Trotz ihrer scheinbaren Ähnlichkeit unterscheiden sich diese beiden Zustände grundlegend voneinander. In diesem Kapitel werden wir uns mit der feinen Linie zwischen Einsamkeit und Alleinsein befassen und lernen, wie wir diese beiden Konzepte unterscheiden können.

Was ist Einsamkeit?

Einsamkeit ist ein Gefühl der Isolation, der Trennung und des Mangels an sozialer Verbindung. Es ist das Gefühl, dass wir allein und von anderen getrennt sind, dass niemand uns versteht oder sich um uns kümmert. Einsamkeit kann auftreten, wenn wir uns von unseren Mitmenschen isoliert fühlen, sei es physisch, emotional oder sozial.

Die Dunkelheit der Einsamkeit

Einsamkeit kann eine schmerzhafte und belastende Erfahrung sein, die mit Gefühlen der Traurigkeit, der Verzweiflung und der Hoffnungslosigkeit verbunden ist. Sie kann unser Selbstwertgefühl beeinträchtigen, unsere psychische Gesundheit belasten und unsere Lebensqualität stark beeinflussen. In der Dunkelheit der Einsamkeit fühlen wir uns verloren, unsichtbar und ungeliebt.

Was ist Alleinsein?

Alleinsein hingegen ist ein bewusster Zustand der Unabhängigkeit, der Selbstreflexion und des persönlichen Wachstums. Es ist die Fähigkeit, in der Stille unserer eigenen Gesellschaft Frieden zu finden, unsere Gedanken zu ordnen und uns auf uns selbst zu konzentrieren. Alleinsein ist kein Mangel an sozialer Verbindung, sondern eine bewusste Entscheidung, uns von äußeren Einflüssen zurückzuziehen und uns auf unsere inneren Bedürfnisse zu konzentrieren.

Das Licht des Alleinseins

Im Gegensatz zur Einsamkeit kann das Alleinsein eine Quelle der Stärke, der Inspiration und des persönlichen Wachstums sein. Es ermöglicht es uns, unsere Kreativität zu entfalten, unsere Leidenschaften zu verfolgen und unsere persönliche Entwicklung voranzutreiben. Im Licht des Alleinseins erkennen wir unsere eigene Größe, unsere Einzigartigkeit und unsere Fähigkeit, unsere Träume zu verwirklichen.

Die feine Linie zwischen Einsamkeit und Alleinsein

Trotz ihrer Unterschiede können Einsamkeit und Alleinsein miteinander verbunden sein. Wir können uns allein fühlen, auch wenn wir von anderen umgeben sind, und wir können einsam sein, auch wenn wir alleine sind. Die Kunst besteht darin, die feine Linie zwischen Einsamkeit und Alleinsein zu erkennen und bewusst zu wählen, wie wir mit diesen beiden Zuständen umgehen möchten.

Fazit: Die Wahl der Selbstakzeptanz

Einsamkeit und Alleinsein sind zwei Seiten derselben Medaille, die untrennbar miteinander verbunden sind. Doch während Einsamkeit uns in die Dunkelheit führen kann, kann Alleinsein uns ins Licht bringen. Es liegt an uns, die Wahl zu treffen, uns selbst zu akzeptieren, uns selbst zu lieben und in der Stille unserer eigenen Gesellschaft Frieden zu finden.

Teil II: Persönliche Entwicklung und Wachstum

6. Selbstreflexion und Selbstbewusstsein

Die Bedeutung von Selbstreflexion
In meinem Weg zum Sigma-Mann spielte Selbstreflexion eine zentrale Rolle. Es war ein Prozess, der mich dazu brachte, über mein eigenes Denken, Fühlen und Handeln nachzudenken und eine tiefere Verbindung zu meinem Selbstbewusstsein herzustellen.

Selbstreflexion ist mehr als nur ein oberflächliches Nachdenken über vergangene Ereignisse oder Handlungen. Es ist ein bewusster Akt, der es uns ermöglicht, unsere innersten Gedanken, Motivationen und Werte zu verstehen. Indem wir uns selbst kritisch betrachten, können wir unsere Stärken und Schwächen erkennen, unsere Ziele klarer definieren und einen bewussten Weg zu persönlichem Wachstum einschlagen.

Ein wichtiger Aspekt der Selbstreflexion ist die Fähigkeit, ehrlich zu sich selbst zu sein. Das bedeutet, sich selbst ohne Urteil zu betrachten und die Bereitschaft zu haben, die unangenehmen Wahrheiten über sich selbst anzuerkennen. Es erfordert Mut, sich den eigenen Fehlern und Unzulänglichkeiten zu stellen, aber nur durch diese Offenheit können wir wahre Veränderung bewirken.

Durch regelmäßige Selbstreflexion können wir auch unsere Handlungen und Entscheidungen besser verstehen. Indem wir uns fragen, warum wir bestimmte Dinge tun oder fühlen, können wir tiefer in unser inneres Selbst eindringen und die zugrunde liegenden Motive erkennen. Dies ermöglicht es uns, bewusstere Entscheidungen zu treffen und unser Leben in Einklang mit unseren Werten und Zielen zu führen.

Selbstreflexion ist auch ein Schlüssel zur persönlichen Weiterentwicklung. Indem wir uns selbst kontinuierlich hinterfragen und reflektieren, können wir uns stetig verbessern und wachsen. Wir können unsere Erfolge feiern, unsere Misserfolge als Lernchancen betrachten und uns auf eine Reise der ständigen Verbesserung begeben.

In meinem eigenen Leben habe ich festgestellt, dass die Praxis der Selbstreflexion mir geholfen hat, mich selbst besser zu verstehen und meine Ziele klarer zu definieren. Sie hat mir ermöglicht, bewusstere Entscheidungen zu treffen und mein Leben in eine Richtung zu lenken, die meinem wahren Selbst entspricht. Selbstreflexion ist ein lebenslanger Prozess, aber jeder Schritt auf diesem Weg führt zu einem tieferen Verständnis von uns selbst und zu einem erfüllteren Leben.

Selbstbewusstsein als Schlüssel zum Erfolg

Auf meinem persönlichen Weg zur Entwicklung des Sigma-Mannes spielte das Thema Selbstbewusstsein eine zentrale Rolle. Doch bevor ich die Bedeutung des Selbstbewusstseins für meinen Erfolg erkannte, musste ich eine Reise der Selbstreflexion antreten, die mir half, meine Stärken und Schwächen zu erkennen.

Selbstreflexion: Die Reise zur Selbsterkenntnis

Selbstreflexion war für mich der erste Schritt auf dem Weg zum Selbstbewusstsein. Ich nahm mir Zeit, um über meine Erfahrungen, meine Entscheidungen und meine Reaktionen nachzudenken. Ich stellte mir Fragen wie: Was sind meine Ziele im Leben? Was sind meine Werte und Überzeugungen? Was sind meine größten Ängste und Unsicherheiten?

Durch diese ehrliche Selbstbetrachtung lernte ich mich selbst besser kennen. Ich erkannte meine Stärken und Talente, aber auch meine Schwächen und Bereiche, in denen ich mich verbessern musste. Diese Erkenntnisse bildeten die Grundlage für mein weiteres Wachstum.

Selbstbewusstsein: Die Kraft, an sich zu glauben

Selbstbewusstsein bedeutet für mich, fest an mich selbst zu glauben, auch in Zeiten der Unsicherheit und des Zweifels. Es ist die Überzeugung, dass ich die Fähigkeiten und Ressourcen besitze, um meine Ziele zu erreichen und Hindernisse zu überwinden.

Für mich war Selbstbewusstsein der Schlüssel zum Erfolg, denn es ermöglichte mir, Risiken einzugehen, Chancen zu ergreifen und mich selbst zu verwirklichen. Mit einem starken Selbstbewusstsein konnte ich meine Träume verfolgen, auch wenn andere zweifelten oder mich belächelten.

Die Bedeutung von Selbstbewusstsein im Sigma-Mann

Im Kontext des Sigma-Mannes ist Selbstbewusstsein von entscheidender Bedeutung. Ein Sigma-Mann ist unabhängig, selbstbestimmt und lässt sich nicht von den Meinungen oder Erwartungen anderer beeinflussen. Er kennt seinen Wert und steht zu sich selbst, auch wenn er gegen den Strom schwimmt.

Selbstbewusstsein ermöglicht es dem Sigma-Mann, seine Einzigartigkeit und seine individuellen Fähigkeiten voll auszuschöpfen. Er geht seinen eigenen Weg und lässt sich nicht von Zweifeln oder Ängsten aufhalten. Durch sein Selbstbewusstsein inspiriert er andere und hinterlässt einen bleibenden Eindruck, wo immer er geht.

Fazit: Selbstbewusstsein als Weg zum Erfolg

Auf meinem Weg zum Sigma-Mann habe ich gelernt, dass Selbstbewusstsein der Schlüssel zum Erfolg ist. Es ist die Kraft, die es mir ermöglichte, meine Träume zu verwirklichen und mein volles Potenzial auszuschöpfen. Durch Selbstreflexion und Selbstbewusstsein konnte ich meine innere Stärke finden und meinen eigenen Weg gehen. Möge dieses Kapitel jeden inspirieren, an sich selbst zu glauben und mutig die Herausforderungen des Lebens anzunehmen.

7. Emotionale Intelligenz und Selbstkontrolle

Die Beherrschung der eigenen Emotionen

Die Beherrschung der eigenen Emotionen

Emotionale Intelligenz ist ein zentraler Aspekt auf dem Weg zum Sigma-Mann. Sie ist die Fähigkeit, die eigenen Gefühle und die anderer zu erkennen, zu verstehen und zu managen. Ein Sigma-Mann zeichnet sich durch seine ausgeprägte emotionale Intelligenz und Selbstkontrolle aus. Diese Fähigkeiten ermöglichen es ihm, souverän und gelassen durch das Leben zu gehen, unabhängig von den äußeren Umständen. In diesem Kapitel werden wir uns darauf konzentrieren, wie man die eigenen Emotionen beherrschen kann, um ein starkes, unabhängiges und selbstbewusstes Leben zu führen.

Die Bedeutung der Selbstwahrnehmung

Der erste Schritt zur Beherrschung der eigenen Emotionen ist die Selbstwahrnehmung. Ein Sigma-Mann kennt seine Emotionen, ihre Auslöser und die Auswirkungen, die sie auf sein Verhalten haben. Diese Selbstkenntnis ist unerlässlich, um die Kontrolle über die eigenen Gefühle zu erlangen. Praktische Übungen zur Verbesserung der Selbstwahrnehmung sind unter anderem:

Tägliches Journaling: Notiere dir täglich deine Gefühle und die Situationen, die sie ausgelöst haben. Dies hilft dir, Muster zu erkennen und besser zu verstehen, wie und warum bestimmte Emotionen in dir aufkommen.

Achtsamkeitsmeditation: Regelmäßige Meditation kann dir helfen, im Moment präsent zu sein und deine Emotionen zu beobachten, ohne sofort auf sie zu reagieren.

Emotionale Regulationstechniken
Sobald du ein klares Bild von deinen Emotionen hast, ist der nächste Schritt, sie zu regulieren. Emotionale Regulation bedeutet, deine Gefühle in einer Weise zu steuern, die für dich und dein Umfeld förderlich ist. Hier sind einige Techniken, die dir dabei helfen können:

Atmungstechniken: Tiefe Atemübungen können helfen, akute Emotionen zu beruhigen. Indem du tief und langsam atmest, signalisierst du deinem Körper, dass keine unmittelbare Gefahr besteht, was deine emotionale Reaktion abschwächt.

Kognitive Umstrukturierung: Diese Technik beinhaltet das bewusste Hinterfragen und Umdeuten von negativen Gedanken. Statt sich von negativen Gefühlen überwältigen zu lassen, kannst du lernen, sie in einem positiveren Licht zu sehen.

Physische Betätigung: Körperliche Aktivitäten wie Sport oder ein Spaziergang an der frischen Luft können helfen, angestaute Emotionen abzubauen und den Geist zu klären.

Langfristige Strategien zur Emotionsbeherrschung

Neben den oben genannten kurzfristigen Techniken ist es wichtig, langfristige Strategien zu entwickeln, um eine dauerhafte emotionale Intelligenz und Selbstkontrolle zu erlangen:

Starke soziale Netzwerke: Umgebe dich mit Menschen, die dich unterstützen und inspirieren. Ein starkes soziales Netzwerk kann dir helfen, deine Emotionen zu regulieren und in stressigen Zeiten Unterstützung zu finden.

Ziele setzen und verfolgen: Klare, erreichbare Ziele zu haben, kann dir helfen, fokussiert und motiviert zu bleiben. Wenn du weißt, worauf du hinarbeitest, fällt es dir leichter, negative Emotionen zu überwinden.

Selbstfürsorge: Achte auf deine körperliche und mentale Gesundheit. Ausreichend Schlaf, eine ausgewogene Ernährung und regelmäßige Entspannung sind entscheidend, um emotional ausgeglichen zu bleiben.

Die Rolle der Selbstkontrolle

Selbstkontrolle ist die Fähigkeit, Impulse zu kontrollieren und verzögerten Belohnungen den Vorzug vor sofortigen Vergnügungen zu geben. Ein Sigma-Mann versteht, dass wahre Stärke darin liegt, seine Impulse zu zügeln und bewusste Entscheidungen zu treffen. Hier sind einige Methoden, um deine Selbstkontrolle zu stärken:

Bewusste Entscheidungen treffen: Trainiere dich darin, bewusst über deine Handlungen nachzudenken, anstatt impulsiv zu reagieren. Frage dich: „Ist das, was ich jetzt tun möchte, wirklich das Beste für mich langfristig?"

Verzicht und Disziplin: Übe dich im bewussten Verzicht. Kleine, regelmäßige Akte der Disziplin – wie der Verzicht auf eine Süßigkeit oder das Einhalten eines Fitnessplans – stärken deine Selbstkontrolle und bereiten dich auf größere Herausforderungen vor.

Routinen und Gewohnheiten: Etabliere feste Routinen und positive Gewohnheiten. Sie helfen dir, auch in stressigen Zeiten auf Kurs zu bleiben und nicht den Versuchungen des Augenblicks nachzugeben.

Empathie und zwischenmenschliche Beziehungen

Emotionale Intelligenz (EI) ist eine essenzielle Fähigkeit, die sich durch das Erkennen, Verstehen und Regulieren von Emotionen auszeichnet. Besonders für einen Sigma-Mann ist es wichtig, diese Fähigkeit zu meistern, um sowohl persönliche als auch berufliche Beziehungen zu optimieren. In diesem Kapitel fokussieren wir uns auf zwei zentrale Aspekte der emotionalen Intelligenz: Empathie und zwischenmenschliche Beziehungen.

Die Bedeutung von Empathie
Empathie ist die Fähigkeit, sich in die Gefühle und Perspektiven anderer hineinzuversetzen. Ein Sigma-Mann, der Empathie entwickelt, kann nicht nur besser mit anderen kommunizieren, sondern auch tiefere und authentischere Verbindungen aufbauen. Hier sind einige Schlüsselkomponenten der Empathie:

Aktives Zuhören: Empathie beginnt mit aktivem Zuhören. Es bedeutet, vollständig präsent zu sein, wenn jemand spricht, und nicht nur auf die Worte, sondern auch auf nonverbale Signale zu achten.

Gefühle validieren: Die Gefühle anderer zu bestätigen, zeigt, dass man sie versteht und respektiert.

Das Validieren von Gefühlen bedeutet nicht notwendigerweise, dass man zustimmt, sondern dass man die emotionale Erfahrung des anderen anerkennt.

Perspektivenübernahme: Sich in die Lage des anderen zu versetzen und die Welt aus deren Blickwinkel zu betrachten, fördert das Verständnis und Mitgefühl. Dies ist besonders wichtig in Konfliktsituationen, um eine gemeinsame Basis zu finden.

Praktische Tipps zur Förderung von Empathie

Um Empathie in den Alltag zu integrieren, können folgende Strategien hilfreich sein:

Reflexion: Nimm dir regelmäßig Zeit, um über deine eigenen Gefühle und die Gefühle der Menschen um dich herum nachzudenken.

Feedback einholen: Frage nach Feedback zu deiner Kommunikation und deinem Verhalten, um besser zu verstehen, wie du auf andere wirkst.

Körpersprache beachten: Achte auf die nonverbalen Signale der Menschen um dich herum. Körpersprache kann oft mehr verraten als Worte.

Zwischenmenschliche Beziehungen stärken
Starke zwischenmenschliche Beziehungen sind das Fundament für ein erfülltes und erfolgreiches

Leben. Für einen Sigma-Mann bedeutet dies, authentische Verbindungen aufzubauen und zu pflegen. Hier sind einige Schlüsselstrategien:

Aufrichtigkeit: Authentizität ist das Herzstück jeder bedeutungsvollen Beziehung. Seien Sie ehrlich und transparent in Ihren Interaktionen.

Vertrauen aufbauen: Vertrauen ist die Basis jeder stabilen Beziehung. Es entsteht durch konsistente, zuverlässige und ehrliche Kommunikation.

Grenzen respektieren: Respektiere die persönlichen Grenzen anderer und setze auch deine eigenen klar. Dies fördert gegenseitigen Respekt und Verständnis.

Selbstkontrolle als Ergänzung zur emotionalen Intelligenz
Selbstkontrolle ist die Fähigkeit, die eigenen Emotionen und Impulse zu regulieren. Für einen Sigma-Mann ist diese Fähigkeit entscheidend, um auch in herausfordernden Situationen klar und ruhig zu bleiben.

Hier sind einige Ansätze zur Förderung der Selbstkontrolle:

Achtsamkeit: Regelmäßige Achtsamkeitsübungen können helfen, sich der eigenen emotionalen

Zustände bewusster zu werden und diese besser zu regulieren.

Emotionale Auslöser erkennen: Identifiziere deine emotionalen Auslöser und entwickle Strategien, um auf diese kontrolliert zu reagieren.

Selbstreflexion: Nimm dir Zeit, um deine Reaktionen in verschiedenen Situationen zu reflektieren und daraus zu lernen.

Fazit

Emotionale Intelligenz und Selbstkontrolle sind untrennbar miteinander verbunden und bilden die Grundlage für erfolgreiche zwischenmenschliche Beziehungen. Ein Sigma-Mann, der diese Fähigkeiten entwickelt, ist in der Lage, authentische und starke Verbindungen zu anderen aufzubauen und gleichzeitig seine eigenen emotionalen Reaktionen zu meistern. Empathie und Selbstkontrolle sind nicht nur Werkzeuge für den Umgang mit anderen, sondern auch für das eigene persönliche Wachstum und Wohlbefinden.

8. Zielsetzung und Verfolgung von Träumen

Die Macht der Vision

In meinem Leben gab es einen entscheidenden Wendepunkt, der meine Reise zu einem Sigma-Mann prägte: die Entdeckung der Macht der Vision.

Eine klare Vision zu haben, bedeutet nicht nur, Träume zu verfolgen, sondern auch, sie in konkrete Ziele zu verwandeln und sich auf den Weg zu machen, sie zu erreichen. Diese Erkenntnis half mir, Hindernisse zu überwinden und meinen eigenen Weg zu finden.

Es begann an einem kalten Wintermorgen. Ich saß in meinem kleinen Apartment, das ich mir während meiner Studienzeit gemietet hatte. Die Sonne schien durch die beschlagenen Fenster, während ich über meinen Notizblock gebeugt war. Ich war unzufrieden und unsicher über meine Zukunft. Obwohl ich mein Studium gut meisterte, fehlte mir etwas Essenzielles: eine klare Richtung, ein tieferer Sinn.

An diesem Tag entschied ich mich, innezuhalten und über meine Träume nachzudenken. Was wollte ich wirklich im Leben erreichen? Was war meine Vision?

Die Entstehung einer Vision
Ich schloss die Augen und begann zu träumen. Zunächst war es nur ein vages Gefühl von Erfolg und Zufriedenheit. Doch je mehr ich darüber nachdachte, desto klarer wurde das Bild. Ich sah mich selbst als jemanden, der nicht nur beruflich erfolgreich war, sondern auch ein erfülltes Leben führte, voller bedeutungsvoller Beziehungen und persönlicher Erfüllung. Diese Vision war nicht nur ein

flüchtiger Gedanke, sondern ein lebendiges Bild, das mich inspirierte und motivierte.

Eine Vision zu haben, bedeutet jedoch mehr als nur zu träumen. Es erfordert konkrete Schritte und Zielsetzungen, um diese Träume Wirklichkeit werden zu lassen. Ich begann, meine Vision in kleinere, erreichbare Ziele zu unterteilen. Jeder Schritt brachte mich meinem größeren Traum näher.

Der Plan

Mein erster Schritt war, einen detaillierten Plan zu erstellen. Ich schrieb meine langfristigen Ziele auf und unterteilte sie in monatliche und wöchentliche Aufgaben. Dies half mir, den Überblick zu behalten und sicherzustellen, dass ich kontinuierlich Fortschritte machte.

Ein wichtiger Bestandteil dieses Plans war auch, Rückschläge zu berücksichtigen. Ich wusste, dass der Weg nicht immer geradeaus führen würde. Es würde Hindernisse und Herausforderungen geben, aber meine Vision würde mir helfen, den Fokus zu behalten und weiterzumachen.

Die Umsetzung

Die ersten Monate waren die härtesten. Es gab Tage, an denen ich an meiner Vision zweifelte und mich fragte, ob ich jemals meine Ziele erreichen würde. Doch jedes Mal, wenn ich mich verloren fühlte, erinnerte ich mich an meine Vision und das

Gefühl von Erfüllung, das sie in mir weckte. Dieses Gefühl war meine treibende Kraft.

Ich begann, die Früchte meiner Bemühungen zu sehen. Kleine Erfolge häuften sich und gaben mir die Bestätigung, dass ich auf dem richtigen Weg war. Diese kleinen Erfolge motivierten mich, weiterzumachen und noch härter zu arbeiten.

Die Kraft der Vision im Alltag

Eine Vision zu haben, beeinflusste nicht nur meine beruflichen Ziele, sondern auch mein tägliches Leben. Ich wurde disziplinierter und fokussierter. Meine Beziehungen verbesserten sich, da ich klarer kommunizieren und meine Prioritäten besser setzen konnte. Ich war nicht länger von äußeren Einflüssen abhängig, sondern folgte meinem eigenen inneren Kompass.

Ich lernte, dass die Macht der Vision nicht nur in der Zielsetzung liegt, sondern auch in der Motivation und dem Durchhaltevermögen, das sie verleiht. Sie gibt einem die Stärke, auch in schwierigen Zeiten weiterzumachen und an sich selbst zu glauben.

Fazit

Die Macht der Vision hat mein Leben grundlegend verändert. Sie gab mir die Klarheit und den Antrieb, meine Träume in die Realität umzusetzen. Ich erkannte, dass eine klare Vision nicht nur ein

Bild der Zukunft ist, sondern auch ein kraftvolles Werkzeug, das einem hilft, den eigenen Weg zu finden und zu verfolgen.

Für jeden, der seinen eigenen Weg zum Sigma-Mann sucht, ist die Entwicklung einer klaren Vision unerlässlich. Sie ist der Kompass, der uns durch die Ungewissheiten des Lebens führt und uns dabei hilft, unsere Träume zu verwirklichen.

Der Weg zur Verwirklichung von Zielen

Ein zentrales Merkmal eines Sigma-Mannes ist seine Fähigkeit, klare Ziele zu setzen und diese konsequent zu verfolgen. Während Alpha-Männer oft durch Führung und Dominanz auffallen, zeichnest du dich als Sigma-Mann durch deine zielgerichtete, oft stille Entschlossenheit aus. Dieses Kapitel beleuchtet, wie du als Sigma-Mann deine Ziele erfolgreich setzen und verwirklichen kannst.

Die Bedeutung von Zielsetzung

Ziele geben deinem Leben Richtung und Zweck. Ohne klare Ziele treibst du ziellos umher und verpasst möglicherweise Gelegenheiten zur Selbstverwirklichung. Der Prozess der Zielsetzung kann in mehrere Schritte unterteilt werden:

1. Selbstreflexion: Bevor du Ziele setzt, ist es wichtig, dich selbst zu verstehen. Was sind deine Werte, Interessen und Leidenschaften? Welche Fähigkeiten und Stärken hast

du? Diese Selbstkenntnis bildet die Grundlage für realistische und bedeutungsvolle Ziele.

2. Klarheit und Spezifität: Vage Ziele führen zu vagen Ergebnissen. Stelle sicher, dass deine Ziele spezifisch und klar definiert sind. Ein konkretes Ziel könnte zum Beispiel lauten: „Ich möchte innerhalb der nächsten zwei Jahre ein Buch über persönliche Entwicklung schreiben."

3. Messbarkeit: Ein Ziel muss messbar sein, um den Fortschritt verfolgen zu können. Dies kann durch quantitative (z.B. Anzahl der geschriebenen Seiten) oder qualitative (z.B. Feedback von Testlesern) Messgrößen erreicht werden.

4. Realismus und Erreichbarkeit: Deine Ziele sollten herausfordernd, aber erreichbar sein. Unrealistische Ziele führen nur zu Frustration und Demotivation.

Der Weg zur Verwirklichung von Zielen ist oft lang und erfordert Durchhaltevermögen und Flexibilität. Hier sind einige bewährte Strategien, die dir helfen können, deine Ziele zu erreichen:

1. Planung: Ein detaillierter Plan ist unerlässlich. Zerlege deine großen Ziele in kleinere,

handhabbare Schritte. Erstelle einen Zeitplan mit Meilensteinen, um deine Fortschritte zu verfolgen.

2. Prioritäten setzen: Nicht alle Aufgaben sind gleich wichtig. Lerne, deine Prioritäten zu setzen und dich auf die wesentlichen Schritte zu konzentrieren, die dich deinen Zielen näher bringen.

3. Selbstdisziplin und Selbstkontrolle: Der Weg zur Zielverwirklichung erfordert Disziplin. Entwickle Routinen und Gewohnheiten, die dich bei der Verfolgung deiner Ziele unterstützen. Vermeide Ablenkungen und bleibe fokussiert.

4. Flexibilität und Anpassungsfähigkeit: Sei bereit, deinen Plan anzupassen, wenn sich Umstände ändern. Flexibilität bedeutet nicht, deine Ziele aufzugeben, sondern intelligente Anpassungen vorzunehmen, um auf neue Herausforderungen zu reagieren.

Mentale Stärke spielt eine entscheidende Rolle bei der Zielverfolgung. Hier sind einige Aspekte, die besonders wichtig sind:

1. Positives Mindset: Eine positive Einstellung kann Wunder wirken. Glaube an deine Fähigkeiten und betrachte Herausforderungen als Gelegenheiten zum Lernen und Wachsen.

2. Visualisierung: Stelle dir regelmäßig vor, wie es sich anfühlt, deine Ziele zu erreichen.

Diese mentale Übung kann die Motivation steigern und Klarheit schaffen.

3. Umgang mit Rückschlägen: Rückschläge und Misserfolge sind unvermeidlich. Lass dich davon nicht entmutigen, sondern lerne aus diesen Erfahrungen und komme gestärkt zurück.

4. Unterstützung suchen: Auch wenn Sigma-Männer oft als Einzelgänger gelten, ist es wichtig zu erkennen, dass Unterstützung von anderen wertvoll sein kann. Ob durch Mentoren, Freunde oder professionelle Netzwerke – suche nach Unterstützung und lasse dich inspirieren.

Die Verwirklichung großer Träume erfordert mehr als nur harte Arbeit; sie erfordert Leidenschaft, Ausdauer und eine klare Vision. Hier sind einige zusätzliche Tipps, die dir helfen können, deine Träume zu verwirklichen:

1. Leidenschaft pflegen: Deine Träume sollten etwas sein, das du wirklich leidenschaftlich verfolgst. Diese Leidenschaft wird dich durch schwierige Zeiten tragen und dir die Energie geben, weiterzumachen.

2. Kontinuierliches Lernen: Sei bereit, ständig zu lernen und dich weiterzuentwickeln. Suche nach neuen Kenntnissen und Fähigkeiten, die dir auf deinem Weg helfen können.

3. Netzwerken: Baue Beziehungen zu Menschen auf, die ähnliche Ziele und Interessen

haben. Ein starkes Netzwerk kann Türen öffnen und wertvolle Unterstützung bieten.

4. Selbstpflege: Vernachlässige nicht deine Gesundheit und dein Wohlbefinden. Ein gesunder Geist und Körper sind unerlässlich, um deine Ziele langfristig zu verfolgen.

Fazit

Die Zielsetzung und Verfolgung von Träumen ist ein fortlaufender Prozess, der Entschlossenheit, Planung und mentale Stärke erfordert. Du zeichnest dich als Sigma-Mann durch deine Fähigkeit aus, dir klare, bedeutungsvolle Ziele zu setzen und diese mit unerschütterlicher Entschlossenheit zu verfolgen. Indem du die Strategien und Prinzipien in diesem Kapitel anwendest, kannst du deine Ziele nicht nur erreichen, sondern auch ein erfülltes und zielgerichtetes Leben führen.

9. Resilienz und Umgang mit Rückschlägen

Resilienz als Überlebenswerkzeug

Fassen wir unser Vorhaben also noch einmal kurz zusammen: Du bist auf deiner Reise zum Sigma-Mann, einem selbstbestimmten, unabhängigen Individuum, das seinen eigenen Weg geht und sich nicht von äußeren Einflüssen beirren lässt. Eine der wichtigsten Eigenschaften, die dich auf diesem Weg begleiten und unterstützen wird, ist Resilienz. Doch was genau bedeutet Resilienz?

Resilienz, oft als psychische Widerstandskraft bezeichnet, ist die Fähigkeit, sich trotz widriger Umstände zu behaupten und wieder aufzustehen, wenn das Leben dich zu Boden zwingt. Sie ist dein inneres Überlebenswerkzeug, das dir hilft, in schwierigen Zeiten stark zu bleiben. Stell dir Resilienz wie einen Muskel vor: Je mehr du ihn trainierst, desto stärker wird er.

Wissenschaftliche Studien haben gezeigt, dass resiliente Menschen bestimmte gemeinsame Merkmale besitzen. Sie sind optimistisch, flexibel und in der Lage, Stress zu managen. Diese Menschen sehen Herausforderungen nicht als unüberwindbare Hindernisse, sondern als Gelegenheiten, zu wachsen und zu lernen.

Du kannst Resilienz entwickeln, indem du bewusst positive Denkmuster und Verhaltensweisen kultivierst. Ein praktischer Ansatz ist die Achtsamkeit, die dir hilft, im Hier und Jetzt zu bleiben und dich nicht von negativen Gedanken überwältigen zu lassen. Wenn du dich auf das konzentrierst, was du kontrollieren kannst, und dich nicht von dem beirren lässt, was außerhalb deiner Kontrolle liegt, wirst du merken, wie du schrittweise resilienter wirst.

Rückschläge als Chance zur persönlichen Entwicklung

Rückschläge sind unvermeidlich. Jeder von uns wird früher oder später auf Hindernisse stoßen und Misserfolge erleben. Doch wie du diese Rückschläge wahrnimmst und darauf reagierst, definiert deine Entwicklung als Sigma-Mann.

Ein Rückschlag ist nicht das Ende, sondern vielmehr ein Anfangspunkt für etwas Neues. Er bietet dir die Möglichkeit, zu reflektieren, zu lernen und zu wachsen. Wenn du auf Schwierigkeiten triffst, frage dich: "Was kann ich aus dieser Situation lernen?" und "Wie kann ich diese Erfahrung nutzen, um stärker und klüger zu werden?"

Nimm dir die Zeit, über deine Rückschläge nachzudenken und herauszufinden, welche Lektionen du daraus ziehen kannst. Vielleicht hast du erkannt, dass du eine bestimmte Fähigkeit verbessern musst oder dass du deine Herangehensweise an ein Problem ändern solltest. Diese Einsichten sind wertvoll und helfen dir, dich weiterzuentwickeln.

Es gibt zahlreiche Beispiele von Menschen, die durch Rückschläge zu beeindruckenden Erfolgen gelangt sind. Denke an Thomas Edison, der hunderte Male scheiterte, bevor er die Glühbirne perfektionierte, oder an J.K. Rowling, deren Harry-Potter-Manuskript von zahlreichen Verlagen abgelehnt wurde, bevor es zu einem Welterfolg wurde. Diese Menschen nutzten ihre Rückschläge als Antrieb und ließen sich nicht entmutigen.

Auf deinem Weg zum Sigma-Mann wirst du lernen, Rückschläge als Teil deines persönlichen Wachstumsprozesses zu akzeptieren. Sie sind Chancen, dich selbst besser kennenzulernen und deine Grenzen zu erweitern. Jeder Rückschlag macht dich stärker, widerstandsfähiger und bringt dich deinem Ziel, ein selbstbestimmter und unabhängiger Mann zu sein, ein Stück näher.

Also, wenn das nächste Mal ein Rückschlag kommt, sieh ihn nicht als Feind, sondern als Verbündeten auf deinem Weg. Nutze ihn, um zu lernen, zu wachsen und deinen inneren Sigma-Mann weiter zu entwickeln.

10. Kontinuierliche Selbstverbesserung

Der Weg des lebenslangen Lernens

Auf deinem Weg zum Sigma-Mann ist kontinuierliche Selbstverbesserung nicht nur ein Ziel, sondern eine Lebensweise. Ein zentraler Bestandteil dieses Prozesses ist der Weg des lebenslangen Lernens. Es geht darum, nie aufzuhören, sich weiterzuentwickeln, Wissen zu sammeln und neue Fähigkeiten zu erlernen. Dies ist der Schlüssel, um in einer sich ständig verändernden Welt nicht nur zu überleben, sondern zu gedeihen.

Lebenslanges Lernen bedeutet, dass du stets neugierig bleibst und bereit bist, deine Komfortzone zu verlassen. Es erfordert, dass du dir bewusst Zeit nimmst, um neue Dinge zu entdecken, sei es durch formale Bildung, Selbststudium oder praktische Erfahrungen. Dieser Weg führt nicht nur zu beruflichem Erfolg, sondern bereichert auch dein persönliches Leben.

Wissenschaftliche Studien belegen, dass lebenslanges Lernen das Gehirn jung hält und die geistige Gesundheit fördert. Das Gehirn ist ein plastisches Organ, das sich ständig anpasst und verändert. Wenn du es regelmäßig mit neuen Informationen und Herausforderungen fütterst, förderst du seine Leistungsfähigkeit und Flexibilität. Dies ist besonders wichtig, um im Alter geistig fit zu bleiben.

Aber wie kannst du den Weg des lebenslangen Lernens in deinem Alltag integrieren? Hier sind einige praktische Ansätze:

Lesen: Nimm dir täglich Zeit zum Lesen. Bücher, Artikel, wissenschaftliche Studien oder Biografien von Menschen, die dich inspirieren, sind wertvolle Quellen des Wissens.

Kurse und Workshops: Besuche regelmäßig Kurse und Workshops, um neue Fähigkeiten zu erlernen. Online-Plattformen wie Coursera, Udemy oder Khan Academy bieten eine Vielzahl von Möglichkeiten, sich weiterzubilden.

Netzwerken: Umgib dich mit Menschen, die eine ähnliche Leidenschaft für Lernen und Wachstum teilen. Der Austausch von Ideen und Erfahrungen kann dir neue Perspektiven eröffnen und dich motivieren, weiterzumachen.

Reflexion: Nimm dir Zeit, um über das Gelernte nachzudenken. Führe ein Tagebuch oder einen Blog, um deine Gedanken zu ordnen und dein Wissen zu vertiefen.

Praktische Anwendung: Theorie ist wichtig, aber sie wird erst wertvoll, wenn du sie in die Praxis umsetzt. Suche nach Möglichkeiten, das Gelernte in deinem Alltag anzuwenden und experimentiere mit neuen Ansätzen.

Der Weg des lebenslangen Lernens erfordert Disziplin und Selbstmotivation. Es ist eine Reise, die nie endet, aber genau darin liegt ihre Schönheit. Jeder neue Tag bietet dir die Möglichkeit, etwas Neues zu lernen und dich weiterzuentwickeln.

Als Sigma-Mann strebst du danach, unabhängig und selbstbestimmt zu sein. Dies gelingt dir, indem du dich kontinuierlich weiterbildest und stets bereit bist, dich den Herausforderungen des Lebens zu stellen. Lebenslanges Lernen ist nicht nur ein Mittel zum Zweck, sondern eine Philosophie, die dein Leben bereichert und dir hilft, dein volles Potenzial auszuschöpfen.

Denke daran, dass jeder kleine Schritt, den du machst, um neues Wissen zu erlangen, dich näher zu deinem Ziel bringt. Sei neugierig, sei offen und nutze jede Gelegenheit, um zu lernen. Auf diesem Weg wirst du nicht nur als Mensch wachsen, sondern auch die Fähigkeiten und das Wissen erlangen, die dich zu einem wahren Sigma-Mann machen.

Mentale, körperliche und spirituelle Weiterentwicklung

Nun noch etwas enorm Wichtigs: Auf deinem Weg zum Sigma-Mann ist kontinuierliche Selbstverbesserung ein umfassender Prozess, der alle Aspekte deines Seins umfasst. Neben dem lebenslangen Lernen sind die mentale, körperliche und spirituelle Weiterentwicklung entscheidend, um ein ausgeglichenes, erfülltes Leben zu führen und dein volles Potenzial zu entfalten.

Mentale Weiterentwicklung

Deine geistige Stärke ist das Fundament, auf dem du dein Leben aufbaust. Mentale Weiterentwicklung bedeutet, dass du kontinuierlich daran arbeitest, deinen Verstand zu schärfen und deine emotionale Intelligenz zu erhöhen. Dies erreichst du durch verschiedene Methoden:

1. Meditation und Achtsamkeit: Regelmäßige Meditation hilft dir, deinen Geist zu beruhigen und dich auf das Hier und Jetzt zu konzentrieren. Achtsamkeit fördert deine Fähigkeit, bewusst und ohne Urteil zu beobachten, was in deinem Inneren und um dich herum geschieht.
2. Kognitive Übungen: Rätsel, Denksportaufgaben und das Erlernen neuer Sprachen oder Musikinstrumente können deine kognitiven Fähigkeiten stärken und dein Gedächtnis verbessern.
3. Emotionale Intelligenz: Arbeite daran, deine eigenen Gefühle besser zu verstehen und die Emotionen anderer zu erkennen und zu respektieren. Dies verbessert deine zwischenmenschlichen Beziehungen und deine Fähigkeit, Konflikte zu lösen.

Körperliche Weiterentwicklung
Dein Körper ist das Vehikel, das dich durchs Leben trägt. Eine gute körperliche Verfassung ist daher unerlässlich für dein Wohlbefinden und deine Leistungsfähigkeit. Körperliche Weiterentwicklung umfasst:

1. Regelmäßige Bewegung: Sport und körperliche Aktivitäten stärken nicht nur deine Muskeln und dein Herz-Kreislauf-System, sondern fördern auch deine geistige Gesundheit. Finde eine Sportart, die dir Spaß macht, sei es Laufen, Schwimmen, Krafttraining oder Yoga.
2. Gesunde Ernährung: Achte auf eine ausgewogene Ernährung, die reich an Nährstoffen ist. Vermeide verarbeitete Lebensmittel und Zucker, und integriere stattdessen frisches Obst, Gemüse, Vollkornprodukte und Proteine in deine Ernährung.
3. Erholsamer Schlaf: Ausreichender und erholsamer Schlaf ist entscheidend für deine körperliche und geistige Regeneration. Schaffe eine Schlafroutine und sorge für eine angenehme Schlafumgebung.

Spirituelle Weiterentwicklung
Die spirituelle Dimension deines Lebens gibt dir Sinn und Orientierung. Spirituelle Weiterentwicklung bedeutet, dass du dich mit den tieferen Fragen

des Lebens auseinandersetzt und eine Verbindung
zu etwas Größerem als dir selbst suchst:

1. Selbstreflexion und Tagebuchführen: Nimm
   dir regelmäßig Zeit, um über deine Ziele,
   Werte und dein tägliches Erleben nachzudenken. Tagebuchführen kann dir helfen,
   Klarheit zu gewinnen und deine Gedanken
   zu ordnen.
2. Natur und Stille: Verbringe Zeit in der Natur
   und finde Momente der Stille. Diese Erfahrungen können dir helfen, dich zu zentrieren und eine tiefere Verbindung zu dir
   selbst und der Welt um dich herum zu spü-
   ren.
3. Spiritualität und Glauben: Ob durch Reli-
   gion, Philosophie oder persönliche Überzeugungen – finde Wege, deinen spirituellen Be-
   dürfnissen nachzukommen. Dies kann
   durch Gebet, Meditation oder das Studium
   spiritueller Texte geschehen.

Die mentale, körperliche und spirituelle Weiterentwicklung sind keine getrennten Pfade, sondern
interagieren miteinander und verstärken sich gegenseitig. Wenn du dich in allen drei Bereichen weiterentwickelst, wirst du feststellen, dass dein Leben
harmonischer und erfüllter wird. Du wirst in der
Lage sein, Herausforderungen besser zu bewältigen, deine Ziele klarer zu sehen und mit einer tiefen
inneren Zufriedenheit zu leben.

Auf deinem Weg zum Sigma-Mann ist es wichtig, dass du diese ganzheitliche Selbstverbesserung in dein tägliches Leben integrierst. Sie wird dir helfen, ein starkes, unabhängiges und erfülltes Leben zu führen und dich kontinuierlich weiterzuentwickeln. Sei dir bewusst, dass dieser Weg kein Endpunkt hat, sondern eine lebenslange Reise ist – eine Reise, die dich zu deinem besten Selbst führt.

Teil III: Beziehungen und Interaktionen

11. Zwischenmenschliche Dynamik verstehen

Die Komplexität zwischenmenschlicher Beziehungen

Zwischenmenschliche Beziehungen sind ein faszinierendes, aber auch komplexes Feld, das sowohl persönliche als auch soziale Dimensionen umfasst. Sie sind geprägt von einer Vielzahl an emotionalen, kognitiven und verhaltensbezogenen Faktoren, die das Zusammenspiel zwischen Menschen beeinflussen. Als angehender Sigma-Mann ist es essenziell, die Dynamik dieser Beziehungen zu verstehen, um authentische, respektvolle und erfüllende Interaktionen zu führen.

Zwischenmenschliche Beziehungen basieren auf Kommunikation, Empathie und Vertrauen. Diese Beziehungen können in verschiedenen Kontexten existieren, sei es in der Familie, am Arbeitsplatz, unter Freunden oder in romantischen Partnerschaften. Jeder dieser Kontexte bringt seine eigenen Herausforderungen und Nuancen mit sich.

Emotionale Intelligenz und Empathie
Ein Schlüssel zur Meisterung zwischenmenschlicher Beziehungen ist die emotionale Intelligenz, die Fähigkeit, eigene und fremde Emotionen zu erkennen, zu verstehen und zu regulieren. Daniel Goleman, ein prominenter Psychologe, hat in seinen Arbeiten betont, dass emotionale Intelligenz oft wichtiger ist als der reine Intellekt (IQ), wenn es darum geht, erfolgreich und zufriedenstellend in sozialen Kontexten zu agieren.

Empathie, ein wesentlicher Bestandteil der emotionalen Intelligenz, ermöglicht es dir, dich in die Lage anderer zu versetzen und ihre Perspektiven und Gefühle nachzuvollziehen. Dies schafft eine tiefere Verbindung und fördert ein Verständnis, das über oberflächliche Interaktionen hinausgeht. Ein Beispiel für gelebte Empathie findet sich in den Führungsstilen erfolgreicher Persönlichkeiten wie Barack Obama, der für seine Fähigkeit bekannt ist, sowohl politische Gegner als auch Unterstützer durch seine einfühlsame Art zu verbinden.

Die Rolle von Vertrauen und Kommunikation
Vertrauen ist das Fundament jeder stabilen Beziehung. Es entsteht durch Verlässlichkeit, Ehrlichkeit und Offenheit. Vertrauensvolle Beziehungen ermöglichen es dir, dich sicher und unterstützt

zu fühlen, was wiederum die Grundlage für effektive Zusammenarbeit und tiefe persönliche Verbindungen bildet. Steve Jobs und Steve Wozniak, die Gründer von Apple, bauten ihr erfolgreiches Unternehmen auf einer tiefen Vertrauensbasis auf, die es ihnen ermöglichte, innovativ und mutig zu agieren.

Kommunikation ist das Mittel, durch das Vertrauen aufgebaut und aufrechterhalten wird. Eine klare, respektvolle und offene Kommunikation ist entscheidend, um Missverständnisse zu vermeiden und Konflikte zu lösen. Ein bekanntes Beispiel hierfür ist die Beziehung zwischen Mahatma Gandhi und seinen Anhängern. Gandhis Fähigkeit, durch gewaltfreie Kommunikation und offene Dialoge Menschen zu inspirieren und zu mobilisieren, war ein wesentlicher Faktor für den Erfolg der indischen Unabhängigkeitsbewegung.

Praktische Beispiele und Anwendung
Stell dir vor, du arbeitest in einem Team an einem wichtigen Projekt. Einer deiner Kollegen ist frustriert, weil seine Ideen nicht berücksichtigt wurden. Du bemerkst seine Unzufriedenheit und nimmst dir Zeit für ein Gespräch. Durch aktives Zuhören und empathische Fragen stellst du sicher, dass er sich gehört und wertgeschätzt fühlt. Gemeinsam findet ihr eine Lösung, die seine Ideen einbezieht und das Team voranbringt. Diese Art der Interaktion stärkt nicht nur das Vertrauen innerhalb des Teams, sondern fördert auch ein kooperatives Arbeitsumfeld.

Ein weiteres Beispiel könnte aus deinem persönlichen Leben stammen: In einer Freundschaft entsteht ein Missverständnis, das zu Spannungen führt. Anstatt die Situation zu ignorieren oder defensiv zu reagieren, entscheidest du dich für ein offenes Gespräch. Du erklärst ruhig und respektvoll deine Sichtweise und hörst dir die Perspektive deines Freundes an. Durch diese offene Kommunikation könnt ihr das Missverständnis klären und eure Freundschaft vertiefen.

Zusammenfassung

Die Komplexität zwischenmenschlicher Beziehungen zu verstehen und zu navigieren ist eine essentielle Fähigkeit auf deinem Weg zum Sigma-Mann. Emotionale Intelligenz, Empathie, Vertrauen und effektive Kommunikation sind die Säulen, die dich dabei unterstützen. Diese Fähigkeiten helfen dir nicht nur, harmonische und respektvolle Beziehungen zu pflegen, sondern auch, dich in sozialen Kontexten sicher und selbstbewusst zu bewegen.

Denke daran, dass zwischenmenschliche Beziehungen keine statischen Gebilde sind. Sie erfordern ständige Pflege und Aufmerksamkeit. Indem du dich kontinuierlich weiterentwickelst und bewusst an deiner emotionalen und sozialen Kompetenz arbeitest, wirst du in der Lage sein, tiefere und erfüllendere Verbindungen zu anderen Menschen aufzubauen. Dies ist ein wichtiger Schritt auf deinem Weg, ein wahrer Sigma-Mann zu werden.

Vielleicht wundert es dich, dass ich an dieser Stelle das Thema Kommunikation anschneide. Ist das für einen Sigma nicht einerlei? Auf der einen Seite hast du damit Recht. Als Sigma mache ich mein eigenes Ding. Ja, ich kann sogar ein Gespräch von jetzt auf gleich beenden und jemanden sozusagen im Regen stehen lassen. Doch dies ist lediglich der Charakterzug, der einen Sigma ausmacht. Es ist möglich, aber nicht zwingend notwendig. Daher im Folgenden einige grundlegende Ausführungen zum Thema Kommunikation.

Kommunikationstechniken für Sigma-Männer
Kommunikation ist ein wesentlicher Bestandteil des menschlichen Lebens und spielt eine zentrale Rolle bei der Entwicklung von Beziehungen und dem Aufbau sozialer Netzwerke. Als Sigma-Mann, der sich durch Unabhängigkeit und Selbstbestimmung auszeichnet, ist es wichtig, effektive Kommunikationstechniken zu beherrschen, um authentische und bedeutungsvolle Interaktionen zu führen. Dabei geht es nicht nur um das Sprechen, sondern auch um das Zuhören und Verstehen. Hier sind einige wesentliche Kommunikationstechniken, die dir auf deinem Weg helfen können.

Aktives Zuhören
Aktives Zuhören ist eine Fähigkeit, die öft unterschätzt wird, aber von unschätzbarem Wert ist. Es

bedeutet, dem Gesprächspartner volle Aufmerksamkeit zu schenken und wirklich zu verstehen, was er sagt. Prominente Persönlichkeiten wie Nelson Mandela waren bekannt für ihre Fähigkeit, aktiv zuzuhören. Mandela verstand, dass echte Kommunikation nicht nur durch Reden, sondern vor allem durch Zuhören entsteht.

Praktisches Beispiel: Wenn dir jemand seine Sorgen anvertraut, unterbrich ihn nicht und gib ihm das Gefühl, gehört zu werden. Zeige durch Kopfnicken und Augenkontakt, dass du aufmerksam bist, und wiederhole gelegentlich, was gesagt wurde, um sicherzustellen, dass du es richtig verstanden hast.

Nonverbale Kommunikation

Nonverbale Signale wie Körperhaltung, Mimik und Gestik spielen eine ebenso wichtige Rolle wie das gesprochene Wort. Sie können oft mehr ausdrücken als Worte und sind entscheidend für die Interpretation von Botschaften. Steve Jobs, der Mitbegründer von Apple, war ein Meister der nonverbalen Kommunikation. Seine Präsentationen waren nicht nur wegen des Inhalts, sondern auch wegen seiner Körpersprache und seines Auftretens so wirkungsvoll.

Praktisches Beispiel: Achte darauf, wie du dich bewegst und positionierst, wenn du mit jemandem sprichst. Eine offene Körperhaltung, Augenkontakt und ein aufmerksames Nicken können Vertrauen und Respekt signalisieren.

Empathie zeigen

Empathie ist die Fähigkeit, sich in die Lage des anderen zu versetzen und seine Gefühle nachzuvollziehen. Dies ist besonders wichtig, um tiefere Verbindungen aufzubauen. Barack Obama hat oft betont, wie wichtig Empathie in der politischen Kommunikation ist, um Verständnis und Einfühlungsvermögen zu zeigen.

Praktisches Beispiel: Wenn jemand dir von einem Problem erzählt, versuche, seine Gefühle nachzuvollziehen und zeige Mitgefühl. Sätze wie „Ich kann verstehen, dass das schwer für dich ist" können eine starke Wirkung haben.

Klarheit und Präzision

Eine klare und präzise Kommunikation ist unerlässlich, um Missverständnisse zu vermeiden. Klarheit bedeutet, dass du deine Gedanken und Gefühle verständlich ausdrückst, ohne vage oder mehrdeutig zu sein. Ein Beispiel dafür ist Elon Musk, der dafür bekannt ist, seine Visionen und Ideen präzise und verständlich zu kommunizieren, was wesentlich zum Erfolg seiner Projekte beigetragen hat.

Praktisches Beispiel: Statt vage Anweisungen zu geben, sei konkret. Anstatt zu sagen: „Mach das Projekt fertig", könntest du sagen: „Bitte beende den Bericht bis Freitag und schicke ihn mir zur Überprüfung."

Fragen stellen

Fragen sind ein mächtiges Werkzeug in der Kommunikation. Sie zeigen Interesse, fördern das Verständnis und ermöglichen es dir, tiefer in ein Thema einzutauchen. Socrates, der antike griechische Philosoph, war bekannt für seine Methode, durch Fragen Wissen zu erlangen und andere zum Nachdenken anzuregen.

Praktisches Beispiel: Stelle offene Fragen, die mehr als nur eine Ja- oder Nein-Antwort erfordern. Statt „Hattest du einen guten Tag?" frage „Was hat deinen Tag heute besonders gemacht?"

Selbstbewusste Kommunikation

Selbstbewusstsein in der Kommunikation bedeutet, für seine Meinungen und Bedürfnisse einzustehen, ohne aggressiv zu sein. Es geht darum, klare Grenzen zu setzen und respektvoll, aber bestimmt zu kommunizieren. Oprah Winfrey ist ein Beispiel für selbstbewusste Kommunikation. Sie ist bekannt dafür, ihre Ansichten offen zu teilen und gleichzeitig andere zu respektieren.

Praktisches Beispiel: Wenn du eine Meinungsverschiedenheit hast, formuliere deine Standpunkte klar und ruhig. Anstatt zu sagen: „Du liegst falsch", könntest du sagen: „Ich sehe das anders, weil..."

Zusammenfassung

Als Sigma-Mann ist es wichtig, Kommunikationsfähigkeiten zu entwickeln, die sowohl Authentizität als auch Effektivität fördern. Indem du aktives Zuhören, nonverbale Signale, Empathie, Klarheit, Fragetechniken und selbstbewusste Kommunikation in deine täglichen Interaktionen integrierst, kannst du nicht nur tiefere und bedeutungsvollere Beziehungen aufbauen, sondern auch deine Selbstbestimmung und Unabhängigkeit stärken. Diese Fähigkeiten helfen dir, in jeder sozialen Situation souverän und authentisch aufzutreten und dabei dein wahres Selbst zu zeigen.

12. Authentische Verbindungen aufbauen

Die Bedeutung von Authentizität in Beziehungen

Als Sigma-Mann strebst du danach, echte und tiefgründige Verbindungen zu anderen Menschen aufzubauen. Dabei ist Authentizität ein Schlüsselwort. Authentizität bedeutet, sich selbst treu zu bleiben, ohne sich zu verstellen oder zu verbergen. Es ist die Fähigkeit, offen und ehrlich zu sein, sowohl mit sich selbst als auch mit anderen.

Ich erinnere mich noch gut an die Zeiten, als ich versuchte, mich anzupassen und ein Bild von mir zu präsentieren, das ich dachte, dass es anderen gefallen würde. Doch je mehr ich mich verbog, desto leerer fühlten sich meine Beziehungen an. Es war, als ob ich mich selbst verloren hätte, um anderen zu gefallen. Erst als ich anfing, authentisch zu sein, fand ich wahre Verbundenheit.

Authentizität in Beziehungen schafft Vertrauen und Respekt. Wenn du dich selbst zeigst, mit all deinen Stärken und Schwächen, laden Menschen dich ein, in ihr Leben einzutreten und sich auf eine tiefere Ebene zu verbinden. Sie wissen, dass sie dir vertrauen können, weil du echt bist, und das stärkt die Bindung zwischen euch.

Natürlich ist es manchmal schwierig, authentisch zu sein, besonders wenn es darum geht, unsere Ängste, Unsicherheiten oder unvollkommenen Seiten zu zeigen. Doch gerade diese Offenheit schafft Raum für Wachstum und Nähe. Indem du dich verletzlich machst, ermutigst du auch andere, sich dir gegenüber zu öffnen, und das führt zu einer tieferen, authentischen Verbindung.

Das Finden von Gleichgesinnten

Ein weiterer wichtiger Aspekt beim Aufbau authentischer Verbindungen ist das Finden von Gleichgesinnten. Menschen, die ähnliche Werte, Interessen und Lebensanschauungen teilen, sind oft diejenigen, mit denen wir uns am meisten verbunden fühlen. Doch wie findet man solche Gleichgesinnte?

Für mich war es hilfreich, mich in Umgebungen zu begeben, die meine Interessen widerspiegeln. Ob es nun Sportvereine, Kunstgruppen oder Diskussionsforen waren, ich suchte nach Orten, an denen Menschen zusammenkamen, um ihre Leidenschaften zu teilen. Hier fand ich oft Menschen, mit denen ich mich auf einer tieferen Ebene verstand.

Auch das Internet kann eine wertvolle Ressource sein, um Gleichgesinnte zu finden. Social-Media-Plattformen, Online-Foren oder spezielle Communities bieten die Möglichkeit, Menschen aus aller Welt kennenzulernen, die ähnliche Interessen haben wie du. Ich war überrascht, wie viele inspirierende Menschen ich online getroffen habe, die mir halfen, mich weiterzuentwickeln und neue Perspektiven zu gewinnen.

Das Finden von Gleichgesinnten erfordert manchmal Geduld und Ausdauer, aber die Belohnung ist es wert. Wenn du Menschen findest, die deine Leidenschaften teilen und deine Werte unterstützen, entstehen Verbindungen, die dich tief berühren und dein Leben bereichern. Sei offen für neue Begegnungen und halte Ausschau nach denjenigen, die deine Welt erhellen und dein Wachstum fördern.

Das Finden von Gleichgesinnten

Auf meinem eigenen Weg zum Sigma-Mann habe ich festgestellt, dass das Finden von Gleichgesinnten eine entscheidende Rolle spielt. Menschen, die ähnliche Ziele, Werte und Interessen teilen, können zu wertvollen Verbündeten, Mentoren und Freunden werden. Doch wie findest du diese Gleichgesinnten?

1. Reflektiere über deine Werte und Ziele: Bevor du auf die Suche nach Gleichgesinnten gehst, ist es wichtig, dass du dir über deine eigenen Werte, Ziele und Interessen im Klaren bist. Was ist dir wirklich wichtig im Leben? Welche Ziele möchtest du erreichen? Indem du diese Fragen beantwortest, kannst du gezielter nach Menschen suchen, die ähnlich denken und fühlen wie du.

2. Trete Gemeinschaften und Gruppen bei: Egal ob online oder offline, es gibt zahlreiche Gemeinschaften und Gruppen, die sich mit den Themen beschäftigen, die dich interessieren. Sei es ein Buchclub, eine Sportmannschaft, eine Diskussionsgruppe oder ein Netzwerk von Gleichgesinnten – tritt diesen Gemeinschaften bei und sei aktiv dabei. Hier hast du die Möglichkeit, Menschen kennenzulernen, die deine Leidenschaft teilen.

3. Nutze soziale Medien: Soziale Medien können eine wertvolle Ressource sein, um Gleichgesinnte zu finden, insbesondere wenn du in einer abgelegenen Gegend lebst oder es schwierig ist, physische Treffen zu organisieren. Finde Gruppen und Foren, die sich mit deinen Interessen beschäftigen, und tausche dich mit Gleichgesinnten aus. Sei jedoch vorsichtig und wähle die Plattformen sorgfältig aus, um sicherzustellen, dass sie eine positive und unterstützende Umgebung bieten.

4. Sei offen für neue Begegnungen: Manchmal begegnen uns Gleichgesinnte genau dort, wo wir es am wenigsten erwarten. Sei daher offen für neue Begegnungen und Gelegenheiten, auch außerhalb deiner üblichen Kreise. Sei neugierig und bereit, neue Menschen kennenzulernen – du weißt nie, wo sich eine wertvolle Verbindung entwickeln könnte.

In meiner eigenen Erfahrung habe ich festgestellt, dass das Finden von Gleichgesinnten nicht nur dazu beiträgt, mein persönliches Wachstum zu fördern, sondern auch mein Gefühl der Zugehörigkeit und Unterstützung stärkt. Die Möglichkeit, sich mit Menschen auszutauschen, die mich verstehen und unterstützen, hat mir geholfen, selbstbewusster zu werden und meine Ziele konsequenter zu verfolgen.

Als Sigma-Mann ist es wichtig, dass du authentische Verbindungen aufbaust, die auf gegenseitigem Respekt, Verständnis und Unterstützung basieren. Finde Menschen, die dich inspirieren, herausfordern und dazu ermutigen, dein bestes Selbst zu sein. Indem du diese Gleichgesinnten um dich herum hast, wirst du in der Lage sein, deinen Weg zum Sigma-Mann mit mehr Leichtigkeit und Freude zu gehen.

13. Grenzen setzen und Respekt einfordern

Die Kunst des Neinsagens

Die Kunst des Neinsagens
Auf meinem Weg zum Sigma-Mann habe ich gelernt, dass die Fähigkeit, Nein zu sagen, von unschätzbarem Wert ist. Es ist nicht nur eine Frage der Selbstbehauptung, sondern auch ein Ausdruck von Selbstachtung und Klarheit über die eigenen Grenzen. Neinsagen bedeutet, dass du deine Prioritäten kennst und respektierst. Hier sind einige Strategien, die dir helfen können, die Kunst des Neinsagens zu meistern.

1. Kenne deine Prioritäten
Der erste Schritt zum effektiven Neinsagen besteht darin, deine eigenen Prioritäten klar zu definieren. Was ist dir wirklich wichtig? Welche Ziele verfolgst du? Wenn du dir über deine Prioritäten im Klaren bist, wird es einfacher, Anfragen und Verpflichtungen abzulehnen, die nicht mit deinen Zielen und Werten übereinstimmen.

Als ich beispielsweise mein eigenes Buchprojekt startete, erhielt ich viele Anfragen, die meine Zeit und Energie beanspruchen wollten. Indem ich meine Priorität auf das Schreiben legte, konnte ich ohne schlechtes Gewissen viele dieser Anfragen ablehnen.

2. Sei direkt und ehrlich
Eine klare und ehrliche Kommunikation ist der Schlüssel. Wenn du Nein sagst, tu dies direkt und

ohne Ausflüchte. Vermeide es, lange Erklärungen oder Entschuldigungen abzugeben. Ein einfaches, freundliches „Nein, das passt gerade nicht für mich" reicht oft aus.

Ich erinnere mich an eine Zeit, als ein Freund mich bat, ihm bei einem großen Umzug zu helfen. Obwohl ich ihm gerne helfen wollte, war ich in dieser Woche extrem beschäftigt. Also sagte ich ehrlich: „Ich kann dir diese Woche leider nicht helfen, weil ich einen vollen Zeitplan habe." Er verstand es und respektierte meine Antwort.

3. Setze klare Grenzen

Definiere klare Grenzen und kommuniziere sie deutlich. Menschen neigen dazu, deine Grenzen zu respektieren, wenn du sie klar und fest setzt. Diese Grenzen können sich auf deine Zeit, Energie oder persönlichen Werte beziehen.

Ein Beispiel aus meinem Leben: Ich habe feste Zeiten auch für mein Fitnessprogram eingeplant. Freunde und Familie wissen, dass ich während dieser Zeiten nicht verfügbar bin, und respektieren das. Dadurch konnte ich fokussiert und produktiv bleiben.

4. Übe dich in Selbstbewusstsein

Nein zu sagen, kann anfangs unangenehm sein, besonders wenn du es nicht gewohnt bist. Doch mit der Zeit und Übung wird es leichter. Sei dir bewusst, dass du das Recht hast, Nein zu sagen, und dass dies ein Ausdruck von Selbstachtung ist.

Ein kleiner Trick, den ich mir angewöhnt habe: Wenn mich jemand um etwas bittet und ich unsicher bin, sage ich zunächst: „Ich muss darüber nachdenken." Dies gibt mir die Zeit, meine Entscheidung zu überdenken und sicherzustellen, dass ich nicht aus einem Gefühl des Drucks heraus Ja sage.

5. Biete Alternativen an (wenn möglich)

Manchmal kannst du eine Anfrage ablehnen, aber gleichzeitig eine Alternative anbieten. Dies zeigt, dass du die Bedürfnisse der anderen Person respektierst, aber dennoch deine eigenen Grenzen wahrt.

Als mich ein Kollege um Unterstützung bei einem Projekt bat, das ich zeitlich nicht stemmen konnte, sagte ich: „Ich kann diese Woche nicht helfen, aber vielleicht kann ich nächste Woche ein paar Stunden finden." Dies half uns beiden, eine zufriedenstellende Lösung zu finden.

6. Sei konsequent

Konsequenz ist entscheidend, wenn es darum geht, Nein zu sagen. Menschen werden deine Grenzen nur respektieren, wenn du sie konsequent einhältst. Wenn du einmal nachgibst, obwohl du eigentlich Nein sagen wolltest, sendest du das Signal, dass deine Grenzen flexibel sind.

Ein Beispiel: Ich hatte einmal einen Freund, der mich immer wieder um kurzfristige Gefallen bat. Nachdem ich konsequent mehrere Male Nein gesagt hatte, verstand er schließlich, dass ich meine Zeitpläne ernst nehme und hörte auf, mich kurzfristig zu fragen.

Die Kunst des Neinsagens ist wirklich eine wertvolle Fähigkeit auf deinem Weg zum Sigma-Mann. Sie erlaubt dir, deine Energie auf das zu konzentrieren, was dir wirklich wichtig ist, und schützt dich davor, dich zu überlasten. Indem du klar, ehrlich und konsequent Nein sagst, setzt du gesunde Grenzen und forderst den Respekt ein, den du verdienst.

Respektvolle Grenzsetzung in allen Lebensbereichen

Respektvolle Grenzsetzung in allen Lebensbereichen
Eine der wichtigsten Lektionen auf meinem Weg zum Sigma-Mann war das Setzen und Einfordern von Grenzen. Grenzen sind nicht nur notwendig, um deine persönliche Integrität und dein Wohlbefinden zu schützen, sondern auch, um von anderen respektiert zu werden. Respektvolle Grenzsetzung ist eine Kunst, die in allen Lebensbereichen – sei es beruflich, persönlich oder sozial – angewendet werden sollte.

Ich erinnere mich an eine Zeit in meinem Leben, als ich Schwierigkeiten hatte, meine eigenen Grenzen zu erkennen und durchzusetzen. Oft fühlte ich mich überfordert und ausgenutzt, weil ich es nicht wagte, "Nein" zu sagen. Doch durch verschiedene Strategien und viel Übung lernte ich, meine Grenzen klar und respektvoll zu kommunizieren. Hier sind einige dieser Strategien, die dir helfen können, dasselbe zu tun:

1. Kenne deine Grenzen

Der erste Schritt zur Grenzsetzung ist das Bewusstsein deiner eigenen Grenzen. Nimm dir Zeit, über deine Bedürfnisse, Werte und Prioritäten nachzudenken. Was ist dir wichtig? Was bist du bereit zu tolerieren, und was nicht? Diese Klarheit ist entscheidend, um deine Grenzen zu kommunizieren.

2. Sei klar und direkt

Wenn du deine Grenzen kommunizierst, sei klar und direkt. Verzichte auf vage Formulierungen und Ausreden. Eine klare Aussage wie "Ich kann dieses Projekt nicht übernehmen, weil ich bereits andere Verpflichtungen habe" zeigt deutlich, dass du deine Zeit und Energie respektierst.

3. Nutze "Ich"-Aussagen

"I"-Aussagen sind ein kraftvolles Werkzeug, um deine Gefühle und Bedürfnisse auszudrücken, ohne den anderen anzugreifen. Anstatt zu sagen "Du respektierst meine Zeit nicht", sage "Ich fühle mich überfordert, wenn meine Zeit nicht respektiert wird."

4. Setze Grenzen frühzeitig

Es ist einfacher, Grenzen zu setzen, wenn du von Anfang an klarstellst, was du erwartest. Wenn du zum Beispiel einen neuen Job beginnst, kläre frühzeitig, welche Arbeitszeiten für dich akzeptabel sind und welche nicht. Dadurch vermeidest du Missverständnisse und Konflikte später.

5. Bleibe standhaft

Es kann verlockend sein, deine Grenzen zu verschieben, um anderen entgegenzukommen, besonders wenn du unter Druck stehst. Doch Konsistenz ist der Schlüssel. Wenn du einmal nachgibst, sendest du die Botschaft, dass deine Grenzen verhandelbar sind. Bleibe standhaft und erinnere dich daran, warum diese Grenze wichtig für dich ist.

6. Übe Selbstfürsorge

Grenzsetzung ist ein Akt der Selbstfürsorge. Sie zeigt, dass du deine eigenen Bedürfnisse respektierst und dich selbst wertschätzt. Achte darauf, dass du dir regelmäßig Zeit für dich nimmst und Aktivitäten nachgehst, die dir Freude und Erholung bringen.

7. Sei bereit für Gegenwehr

Nicht jeder wird deine Grenzen sofort akzeptieren oder respektieren. Sei darauf vorbereitet, dass es Widerstand geben könnte, und bleibe ruhig und gelassen. Erkläre ruhig und sachlich, warum diese Grenze für dich wichtig ist, und wiederhole sie bei Bedarf.

8. Verbünde dich mit Unterstützern

Suche dir Menschen, die deine Grenzen respektieren und dich dabei unterstützen, sie durchzusetzen. Diese Unterstützer können dir Rückhalt geben und dich bestärken, wenn es schwierig wird.

Ein Beispiel aus meinem eigenen Leben: Vor einigen Jahren arbeitete ich in einem Team, das ständig Überstunden machte. Anfänglich zog ich mit, weil ich nicht als unkollegial gelten wollte. Doch mit der Zeit merkte ich, dass meine Gesundheit und mein Privatleben darunter litten. Ich entschied mich, klare Grenzen zu setzen. In einem Teammeeting erklärte ich höflich, aber bestimmt, dass ich ab sofort nicht mehr bereit sei, regelmäßig Überstunden zu machen. Ich betonte, dass ich meine Arbeit innerhalb der regulären Arbeitszeiten effizient erledigen würde. Anfangs stieß ich auf Unverständnis, doch ich blieb konsequent. Mit der Zeit respektierten meine Kollegen meine Grenze, und ich gewann sowohl ihren Respekt als auch meine Balance zurück.

Grenzen zu setzen und Respekt einzufordern ist ein kontinuierlicher Prozess, der Übung und Entschlossenheit erfordert. Doch je mehr du es praktizierst, desto natürlicher wird es dir erscheinen. Es ist ein entscheidender Schritt auf deinem Weg zum Sigma-Mann – einem Leben in Freiheit, Unabhängigkeit und Selbstbestimmung.

14. Beziehungen ohne Abhängigkeiten

Die Balance zwischen Nähe und Unabhängigkeit

In einer Welt, in der Beziehungen oft von Abhängigkeiten und Machtkämpfen geprägt sind, ist es für einen Sigma-Mann essenziell, eine Balance zwischen Nähe und Unabhängigkeit zu finden. Das Ziel ist, Beziehungen zu führen, die auf gegenseitigem Respekt und Gleichwertigkeit basieren, ohne dass eine Person die Kontrolle über die andere übernimmt. Zwei Konstellationen möchte ich hierbei deutlich voneinander unterscheiden.

1. Junge, aufbrausende Mädchen und harmlose Männer

Ein häufiges Szenario, das ich in meinen Beobachtungen bemerkt habe, ist die Dynamik zwischen jungen, aufbrausenden Mädchen und harmlosen, oft zurückhaltenden Männern. Diese Beziehungen können schnell ungesund werden, wenn die Balance zwischen Nähe und Unabhängigkeit nicht gewahrt bleibt. Hier sind zwei Beispiele, die diese Problematik verdeutlichen:

Beispiel 1: Julia und Max

Julia, eine sehr hübsche und selbstbewusste junge Frau, begann eine Beziehung mit Max, einem sanften und zurückhaltenden Mann. Julia war es gewohnt, viel Aufmerksamkeit zu bekommen und hatte hohe Erwartungen an ihre Partner. Max, der konfliktscheu war und es jedem recht machen wollte, tat alles, um Julia glücklich zu machen. Er gab seine eigenen Interessen und Freundschaften auf, um mehr Zeit mit ihr zu verbringen.

Bald fühlte sich Max jedoch erschöpft und emotional ausgelaugt. Julia hingegen begann, Max' ständige Verfügbarkeit als selbstverständlich zu betrachten und verlor den Respekt vor ihm. Die Beziehung endete, weil Max keine eigenen Grenzen setzte und Julia dadurch unbewusst immer mehr Kontrolle übernahm.

Beispiel 2: Lisa und Tom

Lisa, ebenfalls sehr attraktiv, begann eine Beziehung mit Tom, einem selbstbewussten, aber empathischen Mann. Tom verstand die Bedeutung von persönlichen Freiräumen und setzte von Anfang an klare Grenzen. Er machte deutlich, dass er seine Hobbys und Freundschaften pflegen wollte, auch wenn er mit Lisa zusammen war. Lisa, die anfänglich versuchte, Toms Zeit komplett für sich zu beanspruchen, lernte durch Toms klare Kommunikation und liebevollen Umgang, ihre eigenen Freiräume zu schätzen.

Die Beziehung zwischen Lisa und Tom entwickelte sich gesund und ausgeglichen. Lisa respektierte Toms Unabhängigkeit, und Tom zeigte Lisa durch sein Verhalten, dass er sie liebt, ohne sich selbst aufzugeben. Diese Balance führte zu einer starken und respektvollen Partnerschaft.

2. Sehr hübsche vs. eher mittelmäßige Mädchen

In meinen Beobachtungen habe ich auch Unterschiede in den Beziehungen von sehr hübschen und eher mittelmäßigen Mädchen festgestellt. Sehr hübsche Mädchen wie Julia und Lisa tendieren dazu, aufgrund ihrer äußeren Attraktivität mehr Aufmerksamkeit und Zuwendung zu erhalten. Dies kann dazu führen, dass sie unbewusst höhere Erwartungen an ihre Partner haben und schneller in eine dominante Rolle verfallen.

Mittelmäßige Mädchen, die nicht ständig im Mittelpunkt der Aufmerksamkeit stehen, entwickeln oft andere Stärken und Selbstbewusstsein unabhängig von äußerlicher Bestätigung. Sie neigen dazu, Partnerschaften auf Augenhöhe zu suchen und zu schätzen, weil sie gelernt haben, dass wahre Verbindung nicht allein auf Äußerlichkeiten basiert.

Beispiel 3: Sophie und Markus

Sophie, ein eher mittelmäßiges Mädchen, traf auf Markus, einen selbstbewussten und ebenfalls nicht auffällig attraktiven Mann. Beide hatten gelernt, ihre inneren Werte und Interessen in den Vordergrund zu stellen. Ihre Beziehung war von Anfang an geprägt von gegenseitigem Respekt und Verständnis. Sophie und Markus unterstützten sich gegenseitig in ihren individuellen Bestrebungen und fanden eine gesunde Balance zwischen Nähe und Unabhängigkeit.

Partnerschaftliche Beziehungen auf Augenhöhe

Ein zentrales Element einer erfolgreichen Beziehung als Sigma-Mann ist die Partnerschaft auf Augenhöhe. Dies bedeutet, dass beide Partner gleichermaßen ihre Bedürfnisse und Wünsche kommunizieren und respektieren. Hier sind einige Strategien, um solche Beziehungen zu pflegen:

Offene Kommunikation: Sprecht regelmäßig über eure Bedürfnisse, Ängste und Wünsche. Transparenz fördert Vertrauen und Verständnis.

Respekt für persönliche Freiräume: Akzeptiere, dass dein Partner eigene Hobbys, Freunde und Interessen hat. Unterstütze sie dabei und erwarte dasselbe im Gegenzug.

Gegenseitige Unterstützung: Seid füreinander da, besonders in schwierigen Zeiten. Zeigt, dass ihr ein Team seid, ohne euch gegenseitig zu erdrücken.

Gleichwertige Verantwortung: Teilt die Verantwortungen und Aufgaben in der Beziehung fair auf. Dies verhindert Ungleichgewichte und fördert eine harmonische Partnerschaft.

Die Balance zwischen Nähe und Unabhängigkeit zu finden und partnerschaftliche Beziehungen auf Augenhöhe zu pflegen, ist eine lebenslange Aufgabe. Es erfordert kontinuierliche Arbeit und Bewusstsein, aber die Belohnungen sind immens: gesunde, erfüllende Beziehungen, in denen beide Partner wachsen und sich entfalten können. Als Sigma-Mann ist dies ein wesentlicher Schritt auf deinem Weg zu einem unabhängigen und selbstbestimmten Leben.

15. Alleinsein als Stärke

Die Vorteile des Alleinseins in Beziehungen

Die Vorteile des Alleinseins in Beziehungen

Auf deinem Weg zum Sigma-Mann wirst du erkennen, dass Alleinsein eine immense Stärke sein kann. Das Single-Leben bietet zahlreiche Vorteile, die oft übersehen werden, wenn man in der Gesellschaft von Beziehungen und Partnerschaften getrieben wird. Hier möchte ich dir aufzeigen, warum das Alleinsein nicht nur eine Phase des Lebens ist, die es zu überstehen gilt, sondern eine Zeit voller Möglichkeiten, Freiheit und persönlichem Wachstum.

1. Absolute Freiheit

Das Single-Leben bietet dir die Freiheit, dein Leben genau so zu gestalten, wie du es möchtest. Du kannst deine Zeit und Energie ganz nach deinen eigenen Vorstellungen nutzen, ohne Kompromisse eingehen zu müssen. Willst du mitten in der Nacht eine spontane Reise unternehmen oder den ganzen

Tag im Bett bleiben und lesen? Du entscheidest allein. Diese Freiheit ist unbezahlbar und gibt dir die Möglichkeit, dich selbst besser kennenzulernen und herauszufinden, was dich wirklich glücklich macht.

2. Fokus auf persönliche Entwicklung

Ohne die Verpflichtungen einer Beziehung hast du mehr Zeit, dich auf deine persönliche Entwicklung zu konzentrieren. Du kannst neue Fähigkeiten erlernen, Hobbys entdecken und berufliche Ziele verfolgen, ohne Ablenkungen. Diese Zeit der Selbstentfaltung ist entscheidend, um dein volles Potenzial zu entfalten und ein erfülltes Leben zu führen.

3. Finanzielle Unabhängigkeit

Als Single hast du die volle Kontrolle über deine Finanzen. Du kannst dein Geld so ausgeben, wie du es möchtest, ohne Rücksicht auf die Wünsche oder Bedürfnisse eines Partners nehmen zu müssen. Du kannst in deine Zukunft investieren, Reisen unternehmen oder dir den ein oder anderen Luxus gönnen, der dir Freude bereitet.

4. Soziale Freiheit

Das Single-Leben ermöglicht dir, soziale Kontakte nach deinen eigenen Vorstellungen zu pflegen. Du kannst neue Menschen kennenlernen, Freundschaften vertiefen und ein vielseitiges soziales Leben führen, ohne durch die Verpflichtungen einer Beziehung eingeschränkt zu sein. Diese soziale Freiheit eröffnet dir auch die Möglichkeit, wilde sexuelle Abenteuer zu erleben. Du bist frei, deine Sexualität zu erkunden und neue Erfahrungen zu sammeln, ohne dich an eine Person binden zu müssen.

5. Zeit für Selbstreflexion

Alleinsein bietet dir die wertvolle Möglichkeit zur Selbstreflexion. Du kannst deine Ziele, Werte und Wünsche hinterfragen und neu definieren. Diese Zeit der inneren Einkehr ist wichtig, um ein tiefes Verständnis für dich selbst zu entwickeln und Klarheit darüber zu gewinnen, was du wirklich im Leben willst.

6. Stärkung der Unabhängigkeit

Wenn du alleine bist, lernst du, dich auf dich selbst zu verlassen und deine eigenen Entscheidungen zu treffen. Diese Unabhängigkeit stärkt dein Selbstbewusstsein und deine Fähigkeit, mit Herausforderungen umzugehen. Du wirst erkennen, dass du niemanden brauchst, um glücklich und erfüllt zu sein – du allein genügst.

7. Gelegenheit zu neuen Abenteuern

Das Single-Leben ist eine Zeit voller Abenteuer und Entdeckungen. Ohne die Verpflichtungen einer Beziehung kannst du neue Wege erkunden und spontane Entscheidungen treffen. Ob du neue Orte bereist, aufregende Hobbys ausprobierst oder dich in neue soziale Kreise wagst – die Möglichkeiten sind endlos. Diese Abenteuer können nicht nur deine Lebensfreude steigern, sondern auch dein Selbstvertrauen und deinen Erfahrungshorizont erweitern.

8. Freiheit zur Selbstverwirklichung

Alleinsein gibt dir die Freiheit, deine Träume und Ambitionen ohne Einschränkungen zu verfolgen. Du kannst deine Energie auf Projekte und Ziele konzentrieren, die dir wirklich am Herzen liegen. Diese Freiheit zur Selbstverwirklichung ist ein unschätzbarer Vorteil des Single-Lebens.

9. Authentische Beziehungen

Ironischerweise kann das Alleinsein auch zu authentischeren und tieferen Beziehungen führen. Wenn du dich selbst gut kennst und mit dir im Reinen bist, ziehst du Menschen an, die deine Werte und Interessen teilen. Diese Beziehungen sind oft erfüllender und dauerhafter, da sie auf echtem Verständnis und gegenseitigem Respekt basieren.

10. Lebensfreude und Unabhängigkeit

Letztendlich führt das Single-Leben zu einer tieferen Lebensfreude und Unabhängigkeit. Du lernst, dein eigenes Unternehmen zu schätzen und die kleinen Freuden des Lebens zu genießen. Diese Unabhängigkeit und Zufriedenheit strahlst du aus und ziehst dadurch positive Erfahrungen und Menschen in dein Leben.

Das Single-Leben als Abenteuer

Stell dir vor, du wachst jeden Tag auf mit der Freiheit, genau das zu tun, was dich glücklich macht. Du entscheidest, wohin die Reise geht, wen du triffst und welche Abenteuer du erlebst. Du hast die Möglichkeit, dich selbst neu zu entdecken und eine tiefe Verbindung zu dir selbst aufzubauen.

Genieße die Freiheit und die Abenteuer, die das Single-Leben mit sich bringt. Nutze diese Zeit, um zu wachsen, zu lernen und dein bestes Selbst zu werden. Auf deinem Weg zum Sigma-Mann ist das Alleinsein nicht nur eine Phase, sondern eine kraftvolle Gelegenheit, dein Leben in vollen Zügen zu genießen und deine wahre Stärke zu finden.

Die Kunst, mit Einsamkeit umzugehen

Die Kunst, mit Einsamkeit umzugehen
Auf dem Weg zum Sigma-Mann wirst du entdecken, dass Alleinsein nicht nur eine Phase, sondern eine wahre Stärke sein kann. Während viele Menschen Einsamkeit als etwas Negatives betrachten, wirst du lernen, sie als eine Quelle der Kraft und des Wachstums zu nutzen. Es geht darum, die Kunst des Alleinseins zu meistern und dabei ein erfülltes, selbstbestimmtes Leben zu führen.

1. Alleinsein ist keine Einsamkeit
Zunächst ist es wichtig, den Unterschied zwischen Alleinsein und Einsamkeit zu verstehen. Einsamkeit ist ein Gefühl der Isolation und des Mangels an sozialen Verbindungen. Alleinsein hingegen ist ein bewusster Zustand, in dem du Zeit mit dir selbst verbringst und die Gelegenheit nutzt, dich auf deine eigenen Bedürfnisse, Wünsche und Ziele zu konzentrieren.

Stell dir vor, du bist auf einer Wanderung durch eine atemberaubende Landschaft. Die Stille der Natur umgibt dich, und du hast die Freiheit, deinen eigenen Weg zu wählen. Diese Momente des Alleinseins bieten dir die Möglichkeit, dich mit deinen Gedanken zu verbinden, Klarheit zu gewinnen und innere Ruhe zu finden.

2. Die Vorteile des Alleinseins

Alleinsein bietet zahlreiche Vorteile, die dein Leben bereichern und dir helfen, ein stärkerer und unabhängigerer Mensch zu werden:

- Selbstreflexion: Zeit allein gibt dir die Möglichkeit, über deine Erfahrungen, Entscheidungen und Ziele nachzudenken. Du kannst Klarheit über deine Werte und Prioritäten gewinnen und bewusstere Entscheidungen treffen.

- Kreativität und Innovation: Wenn du allein bist, hast du die Freiheit, deinen Gedanken freien Lauf zu lassen und neue Ideen zu entwickeln. Viele kreative Köpfe nutzen die Ruhe und Abgeschiedenheit, um ihre besten Werke zu schaffen.

- Selbstbewusstsein: Durch das Alleinsein lernst du, dich selbst besser kennenzulernen und zu schätzen. Du wirst dir deiner Stärken und Schwächen bewusst und entwickelst ein gesundes Selbstbewusstsein.

- Unabhängigkeit: Wenn du dich wohl fühlst, allein zu sein, bist du weniger auf die Gesellschaft anderer angewiesen. Du lernst, deine eigenen Bedürfnisse zu erfüllen und dich selbst zu motivieren.

3. Die Kunst des Alleinseins meistern

Wie kannst du nun die Kunst des Alleinseins meistern und von den Vorteilen profitieren? Hier sind einige Strategien, die dir dabei helfen:

- Akzeptiere und umarme das Alleinsein: Anstatt das Alleinsein zu fürchten, lerne, es zu schätzen. Sieh es als eine wertvolle Zeit, die du für dich selbst hast, um zu wachsen und dich weiterzuentwickeln.
- Schaffe dir eine positive Umgebung: Gestalte deine Umgebung so, dass sie dich inspiriert und beruhigt. Ein gemütliches Zuhause, ein ruhiger Park oder ein Lieblingscafé können Orte sein, an denen du dich wohlfühlst und deine Zeit genießen kannst.
- Pflege deine Hobbys und Interessen: Nutze die Zeit allein, um deine Leidenschaften zu verfolgen. Ob Lesen, Schreiben, Malen oder Sport – finde Aktivitäten, die dir Freude bereiten und dich erfüllen.
- Meditation und Achtsamkeit: Praktiken wie Meditation und Achtsamkeit helfen dir, im Moment zu leben und dich mit deinem Inneren zu verbinden. Diese Techniken können dir helfen, Ruhe und Ausgeglichenheit zu finden.
- Lerne Neues: Nutze die Zeit, um neue Fähigkeiten zu erlernen oder dich weiterzubilden. Online-Kurse, Bücher oder Workshops bieten zahlreiche Möglichkeiten, dein Wissen und deine Fähigkeiten zu erweitern.

4. Die Schönheit des Alleinseins entdecken

Auf meinem eigenen Weg habe ich gelernt, die Schönheit des Alleinseins zu schätzen. Es gibt nichts Erfüllenderes, als in der Stille zu sitzen, einen Sonnenaufgang zu beobachten und die Freiheit zu genießen, ganz bei sich selbst zu sein. Diese Momente sind kostbar und geben dir die Kraft, die Herausforderungen des Lebens zu meistern.

Indem du die Kunst des Alleinseins meisterst, wirst du feststellen, dass du nicht nur stärker und unabhängiger wirst, sondern auch offener für authentische Verbindungen mit anderen Menschen. Du wirst lernen, Beziehungen aus einer Position der Stärke und des Selbstbewusstseins einzugehen, anstatt aus einem Gefühl der Bedürftigkeit oder Abhängigkeit.

Lass dich von der Vorstellung begeistern, dass das Alleinsein eine kraftvolle Reise zu dir selbst ist. Es ist eine Zeit des Wachstums, der Selbstentdeckung und der Erneuerung. Du wirst nicht nur lernen, dich selbst zu lieben und zu schätzen, sondern auch die Welt um dich herum mit neuen Augen zu sehen.

Erlaube dir, diese Reise zu genießen und die vielen Schätze zu entdecken, die das Alleinsein zu bieten hat. Auf deinem Weg zum Sigma-Mann wird diese Fähigkeit eine deiner größten Stärken sein und dir helfen, ein erfülltes, selbstbestimmtes Leben zu führen.

16. Die Definition von Erfolg neu definieren

Abkehr von traditionellen Erfolgsmaßstäben

Auf dem Weg zum Sigma-Mann wirst du feststellen, dass die traditionellen Maßstäbe für Erfolg oft nicht mit deinem eigenen Verständnis von Erfüllung übereinstimmen. In unserer Gesellschaft wird Erfolg häufig durch äußere Faktoren wie Reichtum, Status und Macht definiert. Doch wahres Glück und Zufriedenheit liegen jenseits dieser oberflächlichen Maßstäbe.

1. Hinterfrage gesellschaftliche Erwartungen

Gesellschaftliche Erwartungen sind tief in unseren Köpfen verankert. Uns wird beigebracht, dass wir bestimmte Meilensteine erreichen müssen, um als erfolgreich zu gelten: ein prestigeträchtiger Job, ein hohes Einkommen, ein großes Haus, ein teures Auto. Doch diese Ziele sind oft von anderen Menschen und deren Vorstellungen von Erfolg geprägt.

Ein Beispiel: Johannes, ein erfolgreicher Investmentbanker, hatte alles, was man sich vorstellen kann – ein hohes Gehalt, eine luxuriöse Wohnung und einen teuren Sportwagen. Doch trotz all dieser materiellen Errungenschaften fühlte er sich leer und unzufrieden. Er merkte, dass er ein Leben führte, das auf den Erwartungen anderer basierte und nicht auf seinen eigenen Wünschen und Träumen.

2. Definiere deinen eigenen Erfolg

Um wahre Erfüllung zu finden, musst du deinen eigenen Maßstab für Erfolg definieren. Frage dich: Was bedeutet Erfolg für mich persönlich? Welche Ziele und Werte sind mir wirklich wichtig? Für viele Sigma-Männer liegt der wahre Erfolg in der persönlichen Freiheit, Selbstverwirklichung und authentischen Beziehungen.

Beispiel: Thomas und sein neues Erfolgsverständnis

Thomas, ein früherer Unternehmensberater, entschied sich, sein Leben komplett zu ändern. Er verließ die hektische Geschäftswelt und zog in ein kleines Dorf, um sich auf seine Leidenschaft für das Schreiben und die Natur zu konzentrieren. Obwohl er weniger Geld verdiente und keinen hohen Status mehr hatte, fühlte sich Thomas endlich frei und erfüllt. Sein neuer Maßstab für Erfolg war nicht mehr von äußeren Faktoren bestimmt, sondern von seiner inneren Zufriedenheit und Lebensqualität.

3. Strebe nach persönlicher Erfüllung

Die höchste Form des Erfolgs ist die persönliche Erfüllung. Dies bedeutet, dass du ein Leben führst, das im Einklang mit deinen Werten, Leidenschaften und Träumen steht. Hier sind einige Schritte, um persönliche Erfüllung zu erreichen:

Selbstreflexion: Nimm dir regelmäßig Zeit, um über deine Ziele und Träume nachzudenken. Was bringt dir Freude und Zufriedenheit? Welche Aktivitäten lassen dich lebendig fühlen?

Authentizität: Sei ehrlich zu dir selbst und lebe dein Leben authentisch. Versuche nicht, den Erwartungen anderer gerecht zu werden, sondern folge deinem eigenen Pfad.

Balance: Finde eine Balance zwischen Arbeit, Freizeit und persönlichen Interessen. Ein ausgeglichenes Leben trägt maßgeblich zur persönlichen Erfüllung bei.

Beziehungen: Pflege authentische Beziehungen, die auf gegenseitigem Respekt und Verständnis basieren. Umgebe dich mit Menschen, die dich inspirieren und unterstützen.

Beispiel: Anna und ihr Weg zur Erfüllung

Anna, eine talentierte Musikerin, hatte immer davon geträumt, ihre eigene Musik zu komponieren und aufzuführen. Doch der Druck, einen sicheren und gut bezahlten Job zu haben, hielt sie davon ab, ihren Traum zu verfolgen. Schließlich entschied sie sich, ihre Leidenschaft ernst zu nehmen. Sie nahm einen Teilzeitjob an, der ihr genügend Zeit und finanzielle Sicherheit bot, um sich ihrer Musik zu widmen. Heute lebt Anna ein erfülltes Leben, weil sie ihrem Herzen gefolgt ist und ihre eigenen Maßstäbe für Erfolg gesetzt hat.

Du wunderst dich, warum ich an dieser Stelle das Beispiel einer Frau wähle? Dies liegt daran, dass Frauen in der Regel bestimmte Aspekte des Sigmawesens viel natürlicher und selbstverständlicher verkörpern, als dies bei Männern der Fall ist. Bisweilen gilt es also, den Blick durchaus auch mal auf das andere Geschlecht schweifen zu lassen und davon zu lernen.

Erfolg als lebenslange Reise

Erfolg ist keine Endstation, sondern eine lebenslange Reise. Es geht darum, kontinuierlich zu wachsen, zu lernen und sich weiterzuentwickeln. Die Definition von Erfolg kann sich im Laufe deines Lebens ändern, je nachdem, welche Erfahrungen du machst und welche Einsichten du gewinnst.

Beispiel: Markus und seine sich wandelnde Definition von Erfolg

Markus, ein früherer Profisportler, hatte Erfolg zunächst durch sportliche Siege und Trophäen definiert. Nach einer Verletzung musste er seine Karriere beenden und stand vor der Herausforderung, seinen Lebenssinn neu zu finden. Markus entdeckte seine Leidenschaft für Coaching und begann, junge Athleten zu trainieren. Sein neues Verständnis von Erfolg war nicht mehr an persönliche Siege gebunden, sondern an die positive Wirkung, die er auf das Leben anderer hatte.

Indem du traditionelle Erfolgsmaßstäbe hinterfragst und deine eigene Definition von Erfolg findest, wirst du in der Lage sein, ein erfülltes und authentisches Leben zu führen. Auf deinem Weg zum Sigma-Mann ist es entscheidend, dass du diese neue Sichtweise integrierst und danach strebst, das höchste Ziel zu erreichen: persönliche Erfüllung.

17. Kreative Entfaltung und Innovation

Die Bedeutung von Kreativität im Sigma-Lebensstil

e Bedeutung von Kreativität im Sigma-Lebensstil
Kreativität ist das Herzstück des Sigma-Lebensstils. Es ist die Fähigkeit, das Gewöhnliche in Außergewöhnliches zu verwandeln, neue Wege zu beschreiten und Lösungen zu finden, wo andere nur Probleme sehen. Für einen Sigma-Mann bedeutet Kreativität nicht nur, künstlerisch tätig zu sein,

sondern vielmehr, seine Einzigartigkeit in allen Lebensbereichen zum Ausdruck zu bringen und innovative Ansätze zu verfolgen.

1. Kreativität als Ausdruck der Freiheit

Stell dir vor, du bist ein Maler und die Welt ist deine Leinwand. Als Sigma-Mann hast du die Freiheit, mit leuchtenden Farben und kühnen Strichen dein eigenes Meisterwerk zu schaffen. Du bist nicht an die Regeln und Erwartungen anderer gebunden. Diese Freiheit, das Verrückte und Unkonventionelle zu erkunden, ist das, was den Sigma-Lebensstil so einzigartig und erfüllend macht.

In meiner eigenen Reise habe ich gelernt, wie wichtig es ist, sich von den Fesseln der Konformität zu befreien. Kreativität erlaubt es dir, neue Perspektiven zu entdecken und deine eigene Stimme zu finden. Es geht nicht nur darum, Kunstwerke zu schaffen, sondern auch darum, das Leben selbst als Kunst zu sehen – eine endlose Leinwand voller Möglichkeiten.

2. Kreativität in allen Lebensbereichen

Kreativität ist nicht auf die Künste beschränkt. Sie durchdringt alle Aspekte des Lebens – von der Art, wie du Probleme löst, bis hin zu der Weise, wie du deinen Alltag gestaltest. Hier sind einige Beispiele, wie Kreativität im Sigma-Lebensstil eine Rolle spielen kann:

- Berufliche Innovation: Ein Sigma-Mann bringt kreative Ansätze in seinen Beruf ein.

Anstatt traditionelle Karrierewege zu verfolgen, sucht er nach neuen Wegen, um seine Fähigkeiten und Talente einzusetzen. Dies kann die Gründung eines eigenen Unternehmens, die Entwicklung neuer Produkte oder das Erfinden revolutionärer Geschäftsideen umfassen.

- Persönliche Projekte: Kreativität findet auch in persönlichen Projekten Ausdruck. Vielleicht hast du eine Leidenschaft für Fotografie, Musik, Schreiben oder Handwerk. Diese Hobbys bieten nicht nur eine Möglichkeit zur Selbstentfaltung, sondern können auch zu neuen beruflichen Möglichkeiten führen.
- Alltagsgestaltung: Selbst die kleinsten Aspekte des Alltags können mit Kreativität bereichert werden. Vom Gestalten deines Wohnraums bis hin zur Zubereitung von Mahlzeiten – jede Aktivität bietet die Möglichkeit, deinen individuellen Stil und deine Persönlichkeit zum Ausdruck zu bringen.
-

3. Die Freiheit zum Verrückten

Ein essenzieller Teil des Sigma-Lebensstils ist die Freiheit, verrückte und unkonventionelle Ideen zu verfolgen. Lass uns ein wenig ausschweifen und die Magie der Kreativität erkunden.

Beispiel: Der verrückte Garten

Stell dir vor, du hast einen Garten. Aber anstatt ihn nach den üblichen Regeln zu gestalten, entscheidest du dich für etwas völlig Außergewöhnliches. Du pflanzt exotische Pflanzen, die in leuchtenden Farben blühen, baust verschlungene Pfade und installierst Kunstwerke, die du selbst geschaffen hast. Dein Garten wird zu einem magischen Ort, der deine Persönlichkeit widerspiegelt und dich jeden Tag inspiriert.

Beispiel: Der kreative Lebensweg

Ein weiteres Beispiel ist dein Lebensweg. Anstatt den traditionellen Pfaden zu folgen, entscheidest du dich für ein Abenteuer voller Wendungen und Überraschungen. Du reist um die Welt, lernst neue Kulturen kennen und entdeckst dabei immer wieder neue Seiten an dir selbst. Diese Erfahrungen bereichern nicht nur dein Leben, sondern erweitern auch deinen Horizont und öffnen dir neue Türen.

4. Innovation durch Kreativität

Kreativität und Innovation gehen Hand in Hand. Als Sigma-Mann bist du stets auf der Suche nach neuen Ideen und Lösungen. Deine Fähigkeit, außerhalb der Box zu denken, ermöglicht es dir, in einer sich ständig verändernden Welt erfolgreich zu sein. Hier sind einige Strategien, um Kreativität und Innovation in deinem Leben zu fördern:

- Denke anders: Hinterfrage die bestehenden Normen und suche nach neuen Perspektiven. Lass dich von unkonventionellen Ideen inspirieren und sei bereit, Risiken einzugehen.

- Sei neugierig: Neugier ist der Motor der Kreativität. Erforsche neue Themen, lerne ständig dazu und stelle Fragen. Je mehr du weißt, desto mehr Verbindungen kannst du zwischen scheinbar unzusammenhängenden Dingen herstellen.
- Arbeite mit anderen zusammen: Kreativität wird oft durch Zusammenarbeit beflügelt. Suche den Austausch mit anderen kreativen Köpfen, teile deine Ideen und lasse dich von deren Sichtweisen inspirieren.
- Gönn dir Pausen: Manchmal braucht Kreativität Raum, um zu wachsen. Nimm dir Zeit für Pausen und Erholung. Oft kommen die besten Ideen, wenn du dich entspannst und deinem Geist erlaubst, zu wandern.

5. Kreativität als Lebensphilosophie

Letztlich ist Kreativität mehr als nur eine Fähigkeit – es ist eine Lebensphilosophie. Es bedeutet, das Leben mit offenen Armen zu begrüßen, ständig nach neuen Möglichkeiten zu suchen und den Mut zu haben, deinen eigenen Weg zu gehen. Als Sigma-Mann machst du dir diese Philosophie zu eigen und lässt dich von ihr leiten.

Auf meinem eigenen Weg habe ich gelernt, dass Kreativität und Innovation nicht nur beruflichen Erfolg bringen, sondern auch tiefere Erfüllung und Zufriedenheit im Leben. Indem du deine kreative Seite entfesselst, wirst du entdecken, dass die Welt voller Möglichkeiten und Wunder ist.

Lass dich von dieser Idee inspirieren und ermutigen. Gehe hinaus und erschaffe dein eigenes Meisterwerk – dein Leben. Lasse deiner Kreativität freien Lauf, sei mutig und unkonventionell. Denn als Sigma-Mann hast du die Freiheit und die Fähigkeit, das Außergewöhnliche im Alltäglichen zu finden und zu schaffen.

Innovatives Denken und Handeln

Innovatives Denken und Handeln
Eines der markantesten Merkmale eines Sigma-Manns ist seine Fähigkeit zur kreativen Entfaltung und innovativen Denkweise. Auf deinem Weg zum Sigma-Mann wirst du entdecken, dass die Freiheit, außerhalb der normativen Schranken zu denken und zu handeln, eine Quelle unerschöpflicher Möglichkeiten ist. Lass uns eintauchen in die Welt der kreativen Freiheit und sehen, wie innovatives Denken und Handeln dein Leben verändern kann.

1. Die Freiheit zum Verrückten
Kreative Entfaltung beginnt mit der Freiheit, verrückt zu sein. Ja, du hast richtig gelesen – verrückt. Es bedeutet, die Grenzen des Konventionellen zu überschreiten und mutig neue Ideen und Konzepte zu erkunden. Viele große Erfindungen und bahnbrechende Entwicklungen entstanden, weil jemand den Mut hatte, das Undenkbare zu denken.
Erinnere dich an Leonardo da Vinci, der als Universalgenie bekannt war. Seine Ideen und Entwürfe

– viele davon weit ihrer Zeit voraus – waren das Ergebnis eines unerschöpflichen kreativen Geistes. Da Vinci scheute sich nicht, sich von traditionellen Denkweisen zu lösen und neue, manchmal sogar abenteuerliche Wege zu gehen. Genau diese Einstellung kannst auch du kultivieren.

2. Berufliche Aspekte der kreativen Entfaltung

Die berufliche Welt bietet zahlreiche Möglichkeiten, innovative Denkansätze zu verwirklichen. Nehmen wir zum Beispiel den Beruf des Influencers. Ein Influencer lebt von seiner Fähigkeit, kreativ und authentisch zu sein, um eine Verbindung zu seinem Publikum herzustellen. Ein erfolgreicher Influencer denkt ständig darüber nach, wie er sich von der Masse abheben kann – sei es durch einzigartige Inhalte, kreative Marketingstrategien oder durch das Eingehen auf die aktuellen Trends auf originelle Weise.

Stell dir vor, du bist ein Influencer im Bereich der persönlichen Entwicklung und Lebensführung. Deine Mission ist es, anderen zu zeigen, wie sie ihre innere Stärke finden und ein erfülltes Leben führen können. Durch kreative Inhalte, wie inspirierende Videos, Blogs oder Podcasts, erreichst du eine breite Masse und vermittelst wertvolle Botschaften. Dein innovativer Ansatz könnte darin bestehen, ungewöhnliche Methoden zur Selbstfindung zu präsentieren – von Meditationsreisen in abgelegene Orte bis hin zu kreativen Ausdrucksformen wie Kunst oder Musik.

Ein anderes faszinierendes Feld ist der Immobilienhandel. Auch hier sind kreative und innovative Denkweisen gefragt. Die traditionelle Vorstellung des Immobilienmaklers, der einfach nur Häuser verkauft, hat sich gewandelt. Heutige erfolgreiche Immobilienhändler denken über den Tellerrand hinaus. Sie entwickeln neue Geschäftsmodelle, die auf ungewöhnliche Marktbedürfnisse eingehen, nutzen digitale Plattformen und soziale Medien, um ihre Reichweite zu erhöhen, und schaffen einzigartige, ansprechende Präsentationen ihrer Immobilien.

Ein Beispiel: Stell dir vor, du spezialisierst dich auf die Vermarktung nachhaltiger und umweltfreundlicher Immobilien. Du entwickelst ein innovatives Konzept, bei dem du potenziellen Käufern nicht nur die physischen Aspekte eines Hauses präsentierst, sondern auch virtuelle Touren anbietest, die das Leben in einer nachhaltigen Gemeinde simulieren. Deine Präsentationen könnten von interaktiven Elementen begleitet sein, die zeigen, wie erneuerbare Energien im Haus genutzt werden und welche positiven Auswirkungen ein nachhaltiger Lebensstil hat.

3. Die Entwicklung eines kreativen Geistes

Die Entwicklung eines kreativen Geistes erfordert kontinuierliches Üben und Offenheit für neue Erfahrungen. Hier sind einige Strategien, die dir helfen können, dein kreatives Potenzial zu entfalten:

- Neugierde bewahren: Sei neugierig und frage ständig „Warum?" und „Was wäre, wenn?". Diese Fragen öffnen dir neue Perspektiven und fördern innovatives Denken.
- Vielfalt der Erfahrungen: Sammle verschiedene Erfahrungen und lerne aus unterschiedlichen Disziplinen. Ein breites Spektrum an Wissen und Erlebnissen erweitert deinen Horizont und inspiriert zu neuen Ideen.
- Freiräume schaffen: Gönne dir regelmäßige Auszeiten, um deinem Geist Raum zur Entfaltung zu geben. Oft kommen die besten Ideen, wenn du entspannt bist und nicht unter Druck stehst.
- Netzwerken und Kollaborationen: Vernetze dich mit anderen kreativen Köpfen und arbeite zusammen an Projekten. Der Austausch von Ideen kann zu unerwarteten und innovativen Lösungen führen.

4. Praktische Umsetzung und Beispiele
Innovatives Denken und kreatives Handeln können in vielen Bereichen deines Lebens Anwendung finden. Hier sind einige konkrete Beispiele, wie du diese Prinzipien umsetzen kannst:
- Berufliche Innovation: Als Influencer könntest du eine Plattform schaffen, die deinen Followern ermöglicht, direkt mit dir in interaktiven Workshops und Webinaren zu interagieren. Du könntest eine App entwickeln,

die personalisierte Inhalte basierend auf
den Interessen deiner Follower anbietet, um
die Bindung zu deiner Community zu stärken.

- Immobilienhandel: Entwickle ein einzigarti-
ges Branding für nachhaltige Immobilien
und veranstalte exklusive Events, bei denen
potenzielle Käufer die Immobilien in einem
realen Kontext erleben können. Nutze Aug-
mented Reality (AR), um Renovierungsopti-
onen und potenzielle Verbesserungen dar-
zustellen.

- Persönliche Projekte: Starte ein kreatives
Projekt, das dir am Herzen liegt. Schreibe
ein Buch, komponiere Musik, male ein Bild
oder entwickle eine neue Geschäftsidee.
Diese Projekte können dir helfen, deine Kreativität zu entfalten und neue innovative
Wege zu finden.

5. Die Magie der kreativen Freiheit

Die Freiheit, kreativ und innovativ zu sein, ist
eine der schönsten und erfüllendsten Erfahrungen
im Leben. Es ermöglicht dir, dein volles Potenzial
auszuschöpfen, deine Leidenschaften zu verfolgen
und einen einzigartigen Beitrag zur Welt zu leisten.
Auf deinem Weg zum Sigma-Mann wird diese kreative Freiheit zu einem wesentlichen Bestandteil deiner Reise. Sie wird dir helfen, Hindernisse zu überwinden, neue Möglichkeiten zu entdecken und ein
erfülltes, selbstbestimmtes Leben zu führen.

Lass dich von der Magie der kreativen Freiheit verzaubern und ermutige dich selbst, immer wieder neue Wege zu gehen. Sei mutig, sei verrückt, sei innovativ – und genieße die unendlichen Möglichkeiten, die das Leben dir bietet.

18. Finanzielle Unabhängigkeit anstreben

Die Kunst des Geldmanagements

Zunächst mal, was bedeutet Geldmanagement eigentlich? Es geht nicht nur darum, zu sparen und zu investieren. Es geht darum, dein Geld so zu steuern, dass es für dich arbeitet, statt dich ständig in Sorge zu versetzen. Und keine Sorge, du musst kein Mathegenie sein, um das zu schaffen!

1. Den Überblick behalten

Der erste Schritt zur finanziellen Freiheit ist, den Überblick über deine Finanzen zu behalten. Fang an, deine Einnahmen und Ausgaben regelmäßig zu verfolgen. Das mag sich langweilig anhören, aber glaub mir, es ist der Schlüssel zu deinem Erfolg. Nutze Apps oder ein einfaches Excel-Sheet, um alles festzuhalten. Schon bald wirst du Muster erkennen und sehen, wo du vielleicht unnötig Geld ausgibst.

2. Budgetieren wie ein Profi

Ein Budget zu erstellen, ist wie einen Fahrplan für dein Geld zu haben. Es zeigt dir genau, wohin dein Geld geht und wie viel du zur Verfügung hast. Unterteile dein Budget in Kategorien wie Miete, Lebensmittel, Freizeit und Sparen. Sei ehrlich mit dir selbst und plane auch ein bisschen Spielraum für unerwartete Ausgaben ein.

3. Schulden abbauen

Schulden sind wie ein Anker, der dich zurückhält. Wenn du Schulden hast, mach es zu deiner Priorität, diese loszuwerden. Beginne mit den Schulden, die die höchsten Zinsen haben, und arbeite dich nach unten. Jede Schuld, die du tilgst, ist ein weiterer Schritt in Richtung Freiheit.

4. Sparen und Investieren

Sparen ist der Grundstein für finanzielle Sicherheit. Leg jeden Monat einen bestimmten Betrag auf die Seite, bevor du anfängst, Geld auszugeben. Dies kann auf ein Sparkonto oder ein Investmentkonto gehen. Apropos Investieren, hab keine Angst davor! Informiere dich über verschiedene Anlageformen wie Aktien, ETFs oder Immobilien. Dein Geld sollte nicht einfach nur rumliegen – lass es für dich arbeiten!

5. Notgroschen anlegen

Ein Notgroschen ist dein Rettungsring in stürmischen Zeiten. Ideal wäre es, wenn du genug gespart hast, um drei bis sechs Monate deiner Lebenshaltungskosten decken zu können. Dieser Puffer gibt dir die Freiheit, Entscheidungen zu treffen, ohne in

Panik zu geraten, wenn mal etwas Unvorhergesehenes passiert.

6. Finanzielle Ziele setzen

Setze dir klare, realistische finanzielle Ziele. Möchtest du ein Haus kaufen, eine Weltreise machen oder frühzeitig in Rente gehen? Was auch immer es ist, schreibe es auf und erstelle einen Plan, wie du es erreichen kannst. Diese Ziele motivieren dich, dran zu bleiben und diszipliniert zu sein.

7. Lerne, NEIN zu sagen

Nicht jede Ausgabe ist notwendig. Lerne, NEIN zu sagen – zu dir selbst und zu anderen. Du musst nicht jede Einladung annehmen oder das neueste Gadget kaufen. Priorisiere, was dir wirklich wichtig ist, und verzichte auf den Rest. Das wird dir helfen, deine Finanzen im Griff zu behalten.

8. Kontinuierliche Weiterbildung

Die Finanzwelt ist ständig im Wandel. Bleib am Ball und bilde dich weiter. Lies Bücher, höre Podcasts und folge Experten in den sozialen Medien. Je mehr du weißt, desto besser kannst du deine Finanzen managen.

Und denk daran, die Kunst des Geldmanagements ist ein Marathon, kein Sprint. Es erfordert Geduld, Disziplin und den Willen, aus Fehlern zu lernen. Aber am Ende wirst du sehen, wie sich all deine Mühen auszahlen und dir die Freiheit geben, dein Leben nach deinen eigenen Regeln zu leben.

Also, los geht's – mach dich auf den Weg zur finanziellen Unabhängigkeit!

Der Weg zur finanziellen Freiheit

Vielleicht kommt es dir so vor, als würde ich mich wiederholen. Aber stell dir vor, du könntest aufhören, dir über Geld Sorgen zu machen und deine Zeit damit verbringen, was dich wirklich erfüllt. Klingt wie ein Traum? Du kannst diesen Traum in die Realität umsetzen.

1. Verändere deine Einstellung zum Geld

Zunächst einmal ist es wichtig, dass du deine Einstellung zum Geld änderst. Geld ist nicht der Feind, sondern ein Werkzeug, das dir Freiheit ermöglicht. Es geht nicht darum, gierig zu sein oder sich alles leisten zu können, sondern um die Kontrolle über dein eigenes Leben zu gewinnen.

2. Passive Einkommensströme aufbauen

Der Schlüssel zur finanziellen Freiheit sind passive Einkommensströme. Das bedeutet, dass du Geld verdienst, auch wenn du nicht aktiv arbeitest. Das kann durch Dividenden aus Aktien, Mieteinnahmen oder Online-Geschäfte geschehen. Überlege, welche Möglichkeiten am besten zu dir und deinen Interessen passen.

3. Lebe unter deinen Verhältnissen

Es ist verlockend, mit steigendem Einkommen auch seinen Lebensstil zu verbessern. Ein Sigma-Mann bleibt jedoch bescheiden und lebt unter seinen Verhältnissen. Das bedeutet nicht, dass du auf alles verzichten musst, aber sei bewusst und überlege zweimal, bevor du größere Anschaffungen machst.

4. Bildung und kontinuierliches Lernen

Die Welt der Finanzen ist ständig im Wandel. Bleib neugierig und bilde dich weiter. Lies Bücher, höre Podcasts oder besuche Seminare. Wissen ist Macht, und je mehr du weißt, desto besser kannst du Entscheidungen treffen, die deine finanzielle Freiheit voranbringen.

5. Netzwerk aufbauen

Umgebe dich mit Menschen, die ähnliche Ziele verfolgen. Ein starkes Netzwerk kann dir nicht nur wertvolle Tipps und Unterstützung bieten, sondern auch neue Möglichkeiten eröffnen. Tausch dich aus und lerne von den Erfolgen und Fehlern anderer.

6. Geduld und Disziplin

Finanzielle Freiheit erreicht man nicht über Nacht. Es erfordert Geduld und Disziplin. Setze dir realistische Ziele und arbeite kontinuierlich daran. Es wird Rückschläge geben, aber lass dich davon nicht entmutigen. Jeder Schritt, den du in die richtige Richtung machst, bringt dich deinem Ziel näher.

7. Belohne dich selbst

Zu guter Letzt: Vergiss nicht, dich selbst zu belohnen. Du arbeitest hart und machst Fortschritte. Gönn dir ab und zu etwas Schönes. Das hält die Motivation hoch und erinnert dich daran, warum du diesen Weg eingeschlagen hast.

Finanzielle Freiheit ist mehr als nur ein Ziel – es ist eine Lebensweise. Als Sigma-Mann strebst du danach, die Kontrolle über dein Leben zu haben, und das schließt deine Finanzen mit ein. Also, nimm dein Schicksal in die Hand und beginne noch heute deinen Weg zur finanziellen Unabhängigkeit! Du schaffst das!

19. Berufliche Erfüllung und Leidenschaft

Die Suche nach beruflicher Erfüllung

Die Suche nach beruflicher Erfüllung ist eine Reise, die oft genauso herausfordernd wie lohnend ist. Sie erfordert Mut, Selbstreflexion und eine tiefe Verbindung zu deinen inneren Werten und Leidenschaften. In einer Welt, die oft von äußeren Erfolgsmaßstäben dominiert wird, ist es leicht, sich in den Erwartungen und Vorgaben anderer zu verlieren. Doch um wirklich berufliche Erfüllung zu finden, musst du bereit sein, deinen eigenen Weg zu gehen und deine eigene Definition von Erfolg zu entdecken.

1. Erkenne deine Leidenschaften

Der erste Schritt auf dieser Reise ist die Entdeckung deiner wahren Leidenschaften. Frage dich selbst: Was bringt dein Herz zum Singen? Welche Tätigkeiten lassen die Zeit wie im Flug vergehen? Oft sind es genau diese Dinge, die Hinweise darauf geben, was dich wirklich erfüllt. Erlaube dir, zu träumen und über die Grenzen des Gewohnten hinauszudenken. Deine Leidenschaft ist der Schlüssel zu einem erfüllten Berufsleben.

2. Vertraue deiner Intuition

Die Suche nach beruflicher Erfüllung erfordert, dass du deiner Intuition vertraust. Dein inneres Selbst weiß oft mehr, als du denkst. Nimm dir Zeit für Stille und Reflexion, um auf die leise Stimme in dir zu hören, die dich auf den richtigen Weg führen kann. Diese innere Führung ist ein wertvoller Kompass, der dich zu den Möglichkeiten und Wegen führt, die wirklich zu dir passen.

3. Sei bereit, Risiken einzugehen

Berufliche Erfüllung erfordert Mut. Es bedeutet oft, aus der Komfortzone herauszutreten und neue Wege zu beschreiten. Sei bereit, Risiken einzugehen und auch Rückschläge in Kauf zu nehmen. Jeder Fehler und jede Herausforderung bringt dich näher zu deinem wahren Selbst und deiner beruflichen Bestimmung. Denke daran, dass Wachstum und Erfolg oft außerhalb der sicheren und bekannten Pfade liegen.

4. Bleibe flexibel und offen

Die Reise zur beruflichen Erfüllung ist selten geradlinig. Sie erfordert Flexibilität und die Bereitschaft, sich anzupassen. Manchmal führt dich das Leben auf Umwege, die wichtige Lektionen und neue Perspektiven bieten. Bleibe offen für Veränderungen und neue Möglichkeiten, die sich dir bieten. Diese Offenheit kann dir helfen, verborgene Potenziale und ungeahnte Chancen zu entdecken.

5. Suche nach Sinn und Zweck

Berufliche Erfüllung ist eng mit dem Gefühl von Sinn und Zweck verbunden. Frage dich: Welchen Beitrag möchte ich in dieser Welt leisten? Wie kann ich durch meine Arbeit etwas Positives bewirken? Indem du deine beruflichen Ziele mit deinem inneren Sinn und Zweck in Einklang bringst, kannst du eine tiefere Erfüllung und Zufriedenheit erreichen. Dein Beruf wird zu einem Ausdruck deiner Werte und Überzeugungen.

6. Pflege deine spirituelle Verbindung

Die spirituelle Tiefe deines Lebens kann eine wertvolle Quelle der Inspiration und Führung auf deiner beruflichen Reise sein. Pflege deine spirituelle Verbindung durch Meditation, Gebet oder andere Praktiken, die dir helfen, dich mit deinem höheren Selbst und dem Universum zu verbinden. Diese spirituelle Verbindung kann dir Kraft, Klarheit und Frieden schenken, während du deinen Weg zur beruflichen Erfüllung gehst.

7. Umgebe dich mit unterstützenden Menschen

Die Menschen, mit denen du dich umgibst, können einen großen Einfluss auf deine Reise zur beruflichen Erfüllung haben. Suche nach Menschen, die dich inspirieren, ermutigen und unterstützen. Umgebe dich mit Gleichgesinnten, die deine Träume teilen und dich auf deinem Weg bestärken. Diese Gemeinschaft kann dir wertvolle Unterstützung und Motivation bieten, während du deine beruflichen Ziele verfolgst.

Die Suche nach beruflicher Erfüllung ist eine tiefgehende und transformative Reise. Sie erfordert, dass du dich selbst besser kennenlernst, deine Ängste überwindest und deinem inneren Ruf folgst. Wenn du bereit bist, diesen Weg zu gehen, wirst du nicht nur beruflichen Erfolg finden, sondern auch ein Leben voller Sinn, Leidenschaft und tiefer Erfüllung.

Vertraue darauf, dass dein Weg einzigartig ist und dass du alles in dir trägst, um deine berufliche Bestimmung zu finden und zu leben.

In Deinem Streben, ein Sigma-Mann zu werden, wirst Du oft auf die Herausforderung stoßen, Deine Leidenschaft und Deine Karriere in Einklang zu bringen. Es scheint manchmal, als würden diese beiden Aspekte Deines Lebens in völlig entgegengesetzte Richtungen ziehen, aber in der Tiefe gibt es eine Möglichkeit, sie zu harmonisieren.

Zunächst einmal ist es wichtig zu verstehen, was Leidenschaft wirklich bedeutet. Leidenschaft ist nicht nur ein flüchtiges Gefühl der Begeisterung oder ein Hobby, dem Du nachgehst, wenn Du Zeit hast. Leidenschaft ist eine tiefe, innere Antriebskraft, die Dir das Gefühl gibt, lebendig zu sein. Es ist das, was Dein Herz höher schlagen lässt, was Deine Seele nährt und Dir Sinn und Zweck im Leben gibt.

Eine Karriere hingegen wird oft als eine Abfolge von beruflichen Positionen und Errungenschaften gesehen, die uns finanzielle Stabilität und gesellschaftliche Anerkennung bringen. Doch eine wahrhaft erfüllende Karriere ist mehr als das. Sie ist ein Weg, auf dem Du Deine einzigartigen Talente und Fähigkeiten einsetzen kannst, um etwas Bedeutendes zu schaffen.

Wie also lassen sich Leidenschaft und Karriere miteinander vereinbaren? Der Schlüssel liegt in der Balance und in der Erkenntnis, dass sie sich nicht gegenseitig ausschließen müssen. Hier sind einige

Schritte, die Dir helfen können, diesen Einklang zu finden:

1. Selbstreflexion und Ehrlichkeit
Beginne mit einer tiefen Selbstreflexion. Frage Dich, was Deine wahre Leidenschaft ist und warum sie Dir so wichtig ist. Sei ehrlich zu Dir selbst und erkenne, ob Deine aktuelle Karriere diese Leidenschaft unterstützt oder ob sie Dich davon ablenkt. Nur wenn Du Deine inneren Wünsche und Bedürfnisse wirklich verstehst, kannst Du den Weg zu ihrer Erfüllung finden.

2. Setze klare Prioritäten
Definiere Deine Prioritäten neu. Welche Aspekte Deiner Leidenschaft sind unverzichtbar für Dein Wohlbefinden und welche Aspekte Deiner Karriere sind unverzichtbar für Deine Lebensumstände? Finde eine Möglichkeit, beides unter einen Hut zu bringen, indem Du Kompromisse eingehst und Prioritäten setzt. Es geht nicht darum, alles perfekt zu machen, sondern darum, was für Dich am wichtigsten ist.

3. Suche nach Synergien
Suche nach Wegen, wie Deine Leidenschaft und Deine Karriere sich gegenseitig bereichern können. Vielleicht gibt es Aspekte Deiner Arbeit, die Du mit Deiner Leidenschaft verbinden kannst. Wenn Du zum Beispiel eine Leidenschaft für Musik hast, könntest Du Wege finden, musikalische Elemente

in Deine beruflichen Projekte zu integrieren. Manchmal braucht es nur ein wenig Kreativität, um Synergien zu entdecken.

4. Zeitmanagement und Disziplin

Eine der größten Herausforderungen bei der Vereinbarkeit von Leidenschaft und Karriere ist das Zeitmanagement. Lerne, Deine Zeit effizient zu nutzen und Disziplin zu entwickeln, um sowohl Deiner Leidenschaft als auch Deiner Karriere gerecht zu werden. Plane feste Zeiten für Deine Leidenschaft ein und halte Dich daran, genauso wie Du Dich an berufliche Termine hältst.

5. Geduld und Ausdauer

Die Harmonie zwischen Leidenschaft und Karriere zu finden, ist ein Prozess, der Zeit und Ausdauer erfordert. Es wird Rückschläge und Herausforderungen geben, aber gib nicht auf. Halte an Deinem Ziel fest und sei geduldig mit Dir selbst. Jeder Schritt in die richtige Richtung ist ein Fortschritt, egal wie klein er scheint.

6. Netzwerke und Unterstützung

Suche nach Gleichgesinnten und unterstützenden Netzwerken, die Deine Vision teilen. Menschen, die ähnliche Interessen und Ziele haben, können wertvolle Unterstützung und Inspiration bieten. Sie können Dir helfen, neue Perspektiven zu entdecken und Dich motivieren, Deinen Weg weiterzugehen.

Die Vereinbarkeit von Leidenschaft und Karriere ist eine Kunst, die es zu meistern gilt. Es erfordert Mut, Selbstvertrauen und die Bereitschaft, Risiken einzugehen. Aber wenn Du diesen Weg gehst, wirst Du entdecken, dass ein Leben, das sowohl Deine Leidenschaft als auch Deine beruflichen Ziele umfasst, unermesslich erfüllend ist. Du wirst erkennen, dass Du nicht zwischen Deinem Herzen und Deinem Verstand wählen musst, sondern dass sie gemeinsam ein starkes, harmonisches Ganzes bilden können. So wirst Du nicht nur zum Sigma-Mann, sondern zu einem authentischen und erfüllten Individuum.

20. Sinnstiftendes Leben und Beitrag zur Gesellschaft

Die Bedeutung von Altruismus und Gemeinschaft

Die Bedeutung von Altruismus und Gemeinschaft

Du befindest Dich auf einer Reise, die nicht nur Deine eigene Transformation zum Ziel hat, sondern auch das tiefere Verständnis und die Verbindung zur Welt um Dich herum. Auf diesem Weg spielt Altruismus, das selbstlose Handeln zum Wohl anderer, eine zentrale Rolle. In einer Gesellschaft, die oft das Individuum über die Gemeinschaft stellt, kann die Bedeutung von Altruismus leicht übersehen werden. Doch gerade hier liegt eine große Kraft verborgen.

Altruismus ist mehr als nur eine Tugend; er ist ein grundlegendes Prinzip, das in vielen spirituellen und philosophischen Traditionen verankert ist. Wenn Du altruistisch handelst, setzt Du eine Energie frei, die weit über das unmittelbare Ergebnis Deiner Tat hinausgeht. Du schaffst Verbindungen, baust Vertrauen auf und stärkst das soziale Gefüge, in dem Du lebst. Jeder Akt der Freundlichkeit, jedes selbstlose Handeln hat das Potenzial, eine Kettenreaktion auszulösen, die die Welt ein kleines Stück besser macht.

In der Gemeinschaft findest Du Deinen Platz und Deine Aufgabe. Als Sigma-Mann bist Du ein Einzelgänger, der seinen eigenen Weg geht, aber das bedeutet nicht, dass Du isoliert lebst. Im Gegenteil, Deine Unabhängigkeit gibt Dir die Stärke und den klaren Blick, um einen wertvollen Beitrag zur Gesellschaft zu leisten. Du bist in der Lage, die Bedürfnisse anderer zu erkennen und darauf zu reagieren, ohne dass dies Dein Ego oder Deinen eigenen Lebensweg beeinträchtigt. Dein altruistisches Handeln entspringt einer tiefen inneren Überzeugung und einem Verständnis dafür, dass wir alle miteinander verbunden sind.

Eine Gemeinschaft ist wie ein lebendiger Organismus, in dem jedes Mitglied eine spezifische Rolle spielt. Wenn Du Deinen Teil beiträgst, hilfst Du nicht nur anderen, sondern auch Dir selbst. Durch Dein Engagement lernst Du, Dich selbst besser zu verstehen, Deine eigenen Fähigkeiten und Grenzen zu erkennen und zu erweitern. Du wächst als

Mensch und entwickelst eine tiefere, authentischere Beziehung zu Deiner Umwelt.

Der Wert einer Gemeinschaft zeigt sich oft erst in Zeiten der Not. Wenn Du in der Lage bist, anderen zu helfen und sie zu unterstützen, stärkst Du nicht nur die Gemeinschaft, sondern auch Dein eigenes Selbstwertgefühl und Dein spirituelles Wachstum. Du wirst feststellen, dass der echte Reichtum des Lebens nicht in materiellem Besitz liegt, sondern in den Verbindungen, die wir zu anderen Menschen knüpfen, und in den positiven Spuren, die wir hinterlassen.

Indem Du altruistisch handelst und Deine Fähigkeiten in den Dienst der Gemeinschaft stellst, trägst Du dazu bei, eine harmonischere und gerechtere Welt zu schaffen. Du gibst ein Beispiel und inspirierst andere, ebenfalls ihren Beitrag zu leisten. Gemeinsam entsteht so eine Gesellschaft, die auf Mitgefühl, Respekt und gegenseitiger Unterstützung basiert.

In Deinem Streben, ein Sigma-Mann zu werden, vergiss nie die Macht des Altruismus und die Bedeutung der Gemeinschaft. Sie sind nicht nur Mittel zum Zweck, sondern wesentliche Aspekte eines erfüllten und sinnstiftenden Lebens. Lass Dein Handeln von der Weisheit leiten, dass wahre Stärke in der Fähigkeit liegt, anderen zu dienen, und dass Dein Weg zur Erleuchtung auch den Weg anderer erhellen kann.

Das Streben nach einem sinnvollen Leben

Du stehst am Rande eines mächtigen Waldes. Die Bäume ragen hoch in den Himmel, ihre Zweige formen ein dichtes Blätterdach, das nur vereinzelte Lichtstrahlen durchlässt. Es ist still, nur das sanfte Rauschen der Blätter und das ferne Zwitschern der Vögel durchdringen die Ruhe. In diesem Moment wird Dir klar: Der Wald ist wie Dein Leben, voll von verborgenen Pfaden und unerforschten Winkeln. Und Dein Streben nach einem sinnvollen Leben gleicht der Suche nach dem wahren Weg durch dieses undurchdringliche Dickicht.

Ein sinnvolles Leben zu führen, bedeutet nicht, vorgegebene Pfade zu beschreiten oder den Erwartungen anderer zu folgen. Es bedeutet, tief in Dich hineinzuhorchen und den Ruf Deines Herzens zu erkennen. Dieser Ruf ist leise, oft übertönt vom Lärm der Welt, aber er ist stets da, geduldig wartend, bis Du bereit bist, ihm zu folgen.

Der erste Schritt auf dieser Reise ist die Erkenntnis, dass Sinn nicht von außen kommt. Keine Karriere, kein materieller Besitz und keine Anerkennung von anderen kann Dir das Gefühl von tiefer Erfüllung geben. Sinn entsteht in Deinem Inneren, in Deinem Bewusstsein und Deiner Beziehung zu Dir selbst und zu der Welt um Dich herum.

In einer Welt, die oft von oberflächlichen Werten geprägt ist, kann das Streben nach einem sinnvollen Leben eine Herausforderung sein. Doch gerade darin liegt die spirituelle Tiefe Deiner Reise. Du

wirst lernen, die flüchtigen Freuden der Oberflächlichkeit loszulassen und Dich auf das Wesentliche
zu konzentrieren. Du wirst entdecken, dass wahres
Glück und Zufriedenheit aus einfachen, authentischen Momenten erwachsen – aus der Verbundenheit mit anderen Menschen, der Natur und Deinem
eigenen Selbst.

Meditation und Selbstreflexion können Dir helfen, diesen inneren Pfad zu finden. Setze Dich in
Stille, schließe die Augen und lasse die Gedanken
kommen und gehen. Frage Dich: Was erfüllt mich
wirklich? Was bringt mein Herz zum Leuchten? Du
wirst feststellen, dass die Antworten oft einfacher
sind, als Du denkst. Sie liegen in den kleinen Dingen – einem Lächeln, einem freundlichen Wort, einem stillen Moment der Dankbarkeit.

Ein sinnvolles Leben zu führen bedeutet auch,
Deine eigenen Werte zu erkennen und danach zu
handeln. Es bedeutet, mutig zu sein und manchmal
gegen den Strom zu schwimmen. Der Sigma-Mann,
der Du werden möchtest, ist jemand, der seinen eigenen Weg geht, unbeirrt von den Erwartungen der
Gesellschaft. Er ist jemand, der die Tiefe des Lebens
erkennt und danach strebt, diese Tiefe in jedem Augenblick zu leben.

Ein wichtiger Aspekt des sinnvollen Lebens ist
der Dienst an anderen. Wenn Du Deine Talente und
Fähigkeiten einsetzt, um das Leben anderer zu bereichern, erfährst Du eine tiefe Erfüllung. Dieser
Dienst muss nicht groß oder weltbewegend sein.
Oft sind es die kleinen Gesten der Freundlichkeit,

die die größte Wirkung haben. Indem Du anderen hilfst, findest Du auch selbst Sinn und Zweck in Deinem Tun.

Vergiss nicht, dass das Streben nach einem sinnvollen Leben kein Ziel ist, das Du irgendwann erreichst. Es ist ein fortwährender Prozess, eine Reise, die Dich ständig wachsen und lernen lässt. Jeder Tag bietet Dir neue Möglichkeiten, Dich weiterzuentwickeln und Deinem Leben mehr Tiefe und Bedeutung zu verleihen.

Du bist der Architekt Deines eigenen Schicksals. Jeder Schritt, den Du tust, jede Entscheidung, die Du triffst, formt den Pfad, den Du gehst. Höre auf Dein Herz, folge Deinem inneren Kompass und vertraue darauf, dass Du den Weg findest, der für Dich bestimmt ist. Ein sinnvolles Leben ist keine Illusion, sondern eine Realität, die Du jeden Tag aufs Neue erschaffen kannst.

So stehst Du nun am Rand des Waldes, bereit, den ersten Schritt zu tun. Der Weg mag nicht immer klar und einfach sein, aber er ist Dein Weg. Geh ihn mit Mut, mit offenem Herzen und der tiefen Überzeugung, dass das Streben nach einem sinnvollen Leben die größte und lohnendste Reise ist, die Du unternehmen kannst.

21. Kontinuierliche Selbstreflexion und -verbesserung

Die Rolle der Selbstreflexion im täglichen Leben

Die Rolle der Selbstreflexion im täglichen Leben
Du, der Du den Weg des Sigma-Mannes beschreitest, weißt, dass die Reise nicht nur im Äußeren stattfindet. Es ist eine Reise, die tief in Dein Inneres führt, eine Reise der kontinuierlichen Selbstreflexion und -verbesserung. Diese innere Arbeit ist das Fundament, auf dem wahre Stärke und Unabhängigkeit ruhen.

Selbstreflexion ist das bewusste Nachdenken über Dein eigenes Handeln, Deine Gedanken und Deine Emotionen. Es ist ein Blick in den Spiegel Deiner Seele, der Dir hilft, Dich selbst besser zu verstehen und zu wachsen. Doch warum ist Selbstreflexion so wichtig im täglichen Leben?

1. Selbstbewusstsein entwickeln
Durch regelmäßige Selbstreflexion entwickelst Du ein tieferes Selbstbewusstsein. Du beginnst, Deine Stärken und Schwächen klarer zu sehen und verstehst, warum Du in bestimmten Situationen so reagierst, wie Du es tust. Dieses Bewusstsein ist der erste Schritt zur Veränderung. Du kannst nur das verbessern, was Du erkannt hast.

2. Emotionale Intelligenz stärken

Indem Du Deine Emotionen reflektierst, lernst Du, sie besser zu verstehen und zu kontrollieren. Du erkennst die Auslöser für Deine Gefühle und kannst bewusstere Entscheidungen treffen, anstatt impulsiv zu handeln. Diese emotionale Intelligenz ist ein Schlüssel zu gesunden Beziehungen und einem erfüllten Leben.

3. Verantwortung übernehmen

Selbstreflexion lehrt Dich, Verantwortung für Dein Leben zu übernehmen. Du hörst auf, anderen die Schuld für Deine Probleme zu geben und erkennst, dass Du die Macht hast, Deine Umstände zu verändern. Diese Erkenntnis gibt Dir die Kraft, Dein Leben aktiv zu gestalten und nicht passiv darauf zu reagieren.

4. Lernen und Wachsen

Jeder Tag bietet Dir die Möglichkeit, etwas Neues zu lernen und zu wachsen. Selbstreflexion hilft Dir, aus Deinen Erfahrungen zu lernen. Du analysierst, was gut gelaufen ist und was nicht, und ziehst daraus wertvolle Lektionen für die Zukunft. So wirst Du jeden Tag ein Stück weiser und erfahrener.

5. Innere Balance finden

In der Hektik des Alltags kann es leicht passieren, dass Du den Kontakt zu Deinem inneren Selbst verlierst. Selbstreflexion hilft Dir, innezuhalten und wieder zu Dir selbst zu finden. Sie gibt Dir die Möglichkeit, Dich zu zentrieren und Deine Gedanken zu ordnen. So findest Du eine innere Balance, die Dir Ruhe und Klarheit schenkt.

Wie kannst Du Selbstreflexion in Dein tägliches Leben integrieren?

- Tägliches Tagebuch: Nimm Dir jeden Abend ein paar Minuten Zeit, um Deine Gedanken und Gefühle des Tages niederzuschreiben. Was hast Du erlebt? Wie hast Du Dich gefühlt? Was hast Du gelernt?
- Meditation: Setze Dich täglich für einige Minuten in Ruhe hin und meditiere. Lass Deine Gedanken kommen und gehen, ohne sie zu bewerten. Dies hilft Dir, einen klaren Kopf zu bekommen und Dich auf das Wesentliche zu konzentrieren.
- Selbstreflektierende Fragen: Stelle Dir regelmäßig Fragen wie: Was habe ich heute gut gemacht? Was könnte ich besser machen? Welche Gefühle habe ich erlebt und warum? Solche Fragen führen Dich zu tieferen Einsichten.
- Feedback suchen: Scheue Dich nicht davor, Feedback von anderen einzuholen. Oft sehen andere Dinge, die Du selbst nicht bemerkst. Nimm Kritik als Chance zur Verbesserung an und nutze sie für Dein Wachstum.

Der Weg des Sigma-Mannes ist ein Weg der ständigen Selbstreflexion und -verbesserung. Es ist ein lebenslanger Prozess, der Dich zu immer größerer innerer Freiheit und Stärke führt. Bleib neugierig auf Dich selbst und hab den Mut, immer wieder in den Spiegel Deiner Seele zu schauen. So wirst Du nicht nur ein Sigma-Mann, sondern vor allem ein weiser und erfüllter Mensch.

Praktische Tipps für kontinuierliches Wachstum

Hier möchte ich dir einige praktische Tipps mit auf den Weg geben, die dir helfen können, dich stetig weiterzuentwickeln und dein volles Potenzial auszuschöpfen.

1. Selbstreflexion und Achtsamkeit

Der erste Schritt zu kontinuierlichem Wachstum ist die regelmäßige Selbstreflexion. Nimm dir täglich Zeit, um über deine Gedanken, Gefühle und Handlungen nachzudenken. Frage dich: Was habe ich heute gelernt? Wie habe ich auf Herausforderungen reagiert? Was könnte ich das nächste Mal besser machen?

Achtsamkeit ist ein mächtiges Werkzeug, das dir hilft, im gegenwärtigen Moment zu leben und bewusster mit dir selbst und deiner Umwelt umzugehen. Meditiere regelmäßig, um deinen Geist zu klären und deine innere Balance zu finden. Dies wird dir nicht nur helfen, stressige Situationen besser zu bewältigen, sondern auch deine Fähigkeit zur Selbstreflexion stärken.

2. Setze klare Ziele

Ohne klare Ziele ist Wachstum kaum möglich. Setze dir konkrete, erreichbare Ziele in verschiedenen Lebensbereichen – sei es beruflich, persönlich, körperlich oder spirituell. Diese Ziele sollten sowohl kurzfristig als auch langfristig sein, sodass du immer eine Richtung hast, in die du dich bewegen kannst.

Ein hilfreicher Ansatz ist die SMART-Methode: Deine Ziele sollten spezifisch, messbar, attraktiv, realistisch und terminiert sein. Schreibe deine Ziele auf und überprüfe sie regelmäßig, um sicherzustellen, dass du auf dem richtigen Weg bist.

3. Lerne ständig dazu

Ein Sigma-Mann ist ein ewiger Schüler. Suche ständig nach neuen Erkenntnissen und Fähigkeiten, die du erlernen kannst. Lies Bücher, besuche Seminare, nimm an Workshops teil und umgib dich mit Menschen, die dich inspirieren und von denen du lernen kannst. Sei offen für neue Ideen und Ansichten, auch wenn sie deine bisherigen Überzeugungen infrage stellen.

Erstelle dir eine Leseliste mit Büchern, die dich interessieren und bereichern könnten. Setze dir ein Ziel, wie viele Bücher du in einem bestimmten Zeitraum lesen möchtest, und halte dich daran. Wissen ist eine wertvolle Ressource, die dir hilft, klügere

Entscheidungen zu treffen und deine Perspektive zu erweitern.

4. Pflege gesunde Beziehungen

Wachstum findet nicht im Vakuum statt. Umgib dich mit Menschen, die dich unterstützen, inspirieren und herausfordern. Suche nach Mentoren, die dir wertvolle Ratschläge geben können, und nach Gleichgesinnten, die deine Reise teilen.

Lerne auch, gesunde Grenzen zu setzen und Beziehungen zu meiden, die dir Energie rauben oder dich in deinem Wachstum behindern. Pflege eine offene und ehrliche Kommunikation und sei bereit, sowohl Kritik anzunehmen als auch konstruktives Feedback zu geben.

5. Körperliche Gesundheit und Bewegung

Dein Körper ist das Gefäß für deinen Geist und deine Seele. Pflege ihn durch regelmäßige Bewegung, gesunde Ernährung und ausreichend Schlaf. Finde eine Sportart oder eine körperliche Aktivität, die dir Spaß macht, und integriere sie in deinen Alltag.

Eine gute körperliche Verfassung unterstützt nicht nur deine geistige Klarheit und emotionale Stabilität, sondern gibt dir auch die Energie, die du für deinen Weg als Sigma-Mann benötigst.

6. Übernimm Verantwortung

Übernimm die volle Verantwortung für dein Leben und deine Entscheidungen. Mache keine Ausreden und schiebe die Schuld nicht auf andere oder äußere Umstände. Sei dir bewusst, dass du die Macht hast, dein Leben zu gestalten und dass jede Entscheidung, die du triffst, einen Einfluss auf dein Wachstum hat.

Sei proaktiv und lösungsorientiert. Wenn du auf Hindernisse stößt, suche nach Wegen, sie zu überwinden, anstatt dich von ihnen entmutigen zu lassen. Diese Haltung wird dich stärken und dir helfen, kontinuierlich zu wachsen.

7. Kulturelle und spirituelle Erkundung

Ein Sigma-Mann ist offen für kulturelle und spirituelle Erkundungen. Reise, wenn möglich, um verschiedene Kulturen und Lebensweisen kennenzulernen. Diese Erfahrungen erweitern deinen Horizont und bereichern dein inneres Leben.

Setze dich auch mit unterschiedlichen spirituellen Praktiken auseinander. Ob es sich um Meditation, Yoga, Gebet oder andere Rituale handelt – finde heraus, was für dich funktioniert und dir hilft, eine tiefere Verbindung zu deinem inneren Selbst und dem Universum herzustellen.

8. Resilienz entwickeln

Kontinuierliches Wachstum erfordert Resilienz – die Fähigkeit, sich von Rückschlägen zu erholen und gestärkt aus ihnen hervorzugehen. Akzeptiere, dass Fehler und Niederlagen zum Lernprozess gehören und wertvolle Lektionen enthalten. Entwickle eine positive Einstellung und glaube an deine Fähigkeit, Herausforderungen zu meistern.

Übe dich in Geduld und bleibe fokussiert, auch wenn der Fortschritt langsam erscheint. Jeder kleine Schritt, den du machst, bringt dich deinem Ziel näher.

Lieber Leser, der Weg des Sigma-Mannes ist eine Reise ohne endgültiges Ziel. Es ist eine Reise des ständigen Wachsens, Lernens und Sich-selbst-Überwindens. Indem du diese praktischen Tipps befolgst und in deinen Alltag integrierst, wirst du in der Lage sein, kontinuierlich zu wachsen und dein volles Potenzial zu entfalten!

22. Die Herausforderungen des Sigma-Lebensstils meistern

*Umgang mit gesellschaftlichem Druck
und Vorurteilen*

Du hast den Pfad des Sigma-Mannes gewählt, einen Weg, der dich aus der Masse erhebt und dich zu einem Einzelgänger macht, der dennoch tief mit sich selbst verbunden ist. Dieser Weg ist nicht ohne Herausforderungen. In diesem Kapitel widmen wir uns einer der größten Hürden: dem Umgang mit gesellschaftlichem Druck und den Vorurteilen, die dir auf deinem Weg begegnen werden.

Die Bürde des Unverstandenseins

Als Sigma-Mann bewegst du dich abseits der Normen und Erwartungen der Gesellschaft. Dies führt unweigerlich dazu, dass dich viele Menschen nicht verstehen oder missverstehen. Deine Unabhängigkeit und dein inneres Streben nach Autonomie können als Arroganz oder Zurückgezogenheit interpretiert werden. In solchen Momenten ist es wichtig, dass du dir deiner Selbst gewahr bleibst und dich nicht von den Meinungen anderer beeinflussen lässt.

Die Meinungen der anderen sind oft ein Spiegel ihrer eigenen Unsicherheiten und Ängste. Wenn du auf Widerstand oder Ablehnung stößt, erinnere dich daran, dass diese Reaktionen mehr über die anderen aussagen als über dich. Übe dich in Mitgefühl und Verständnis, sowohl für dich selbst als auch für die, die dich kritisieren.

Der innere Anker

Gesellschaftlicher Druck kann in vielen Formen auftreten: Erwartungen von Familie und Freunden, berufliche Zwänge oder der subtile Druck, sich anzupassen und nicht aufzufallen. Der Schlüssel, um diesen Druck zu meistern, liegt in deinem inneren

Anker. Dieser Anker ist deine Verbindung zu deinem wahren Selbst, deinen Werten und Überzeugungen.

Praktiziere regelmäßig Achtsamkeit und Meditation, um dich mit deinem inneren Kern zu verbinden. Diese Praxis hilft dir, inmitten äußerer Turbulenzen ruhig und gefestigt zu bleiben. Wenn du dich klar darüber bist, wer du bist und was du willst, wird es dir leichter fallen, den gesellschaftlichen Druck abprallen zu lassen.

Vorurteile erkennen und transformieren

Vorurteile entstehen oft aus Unwissenheit und Angst. Wenn dir Vorurteile begegnen, hast du die Möglichkeit, sie zu transformieren, indem du sie mit Wissen und Verständnis entgegnest. Dies bedeutet jedoch nicht, dass du dich rechtfertigen oder erklären musst. Vielmehr geht es darum, in deinem Verhalten und deiner Präsenz ein Beispiel zu geben.

Wenn du authentisch und selbstbewusst deinen Weg gehst, können andere von dir lernen. Sei geduldig und großzügig im Umgang mit denen, die dich nicht verstehen. Deine innere Stärke und Klarheit können eine stille Inspiration für viele sein.

Die Balance zwischen Unabhängigkeit und Verbindung

Ein Sigma-Mann zeichnet sich durch seine Unabhängigkeit aus. Doch diese Unabhängigkeit sollte nicht in Isolation münden. Suche nach einer Balance zwischen deinem Bedürfnis nach Eigenständigkeit und dem Bedürfnis nach Verbindung mit anderen. Echte Verbindungen zu Menschen, die dich verstehen und respektieren, sind wertvoll und können dir Halt und Unterstützung bieten.

Wähle deine Beziehungen weise und achte darauf, dass sie auf gegenseitigem Respekt und Verständnis basieren. Diese Beziehungen werden dir helfen, den gesellschaftlichen Druck zu navigieren und die Vorurteile zu überwinden.

Dein Beitrag zur Gesellschaft

Auch wenn du dich als Sigma-Mann abseits der traditionellen gesellschaftlichen Strukturen bewegst, hast du die Möglichkeit, positiv auf die Gesellschaft einzuwirken. Dein unabhängiges Denken und deine unkonventionelle Perspektive sind wertvolle Ressourcen. Teile deine Einsichten und Fähigkeiten auf eine Weise, die authentisch für dich ist, und du wirst feststellen, dass du auch als Einzelgänger einen bedeutenden Beitrag leisten kannst.

Fazit

Der Weg des Sigma-Mannes ist herausfordernd und erfordert Mut und Selbstbewusstsein. Doch indem du gesellschaftlichem Druck und Vorurteilen mit Klarheit, Mitgefühl und innerer Stärke begegnest, wirst du nicht nur diese Herausforderungen meistern, sondern auch als Individuum wachsen. Dein Weg ist einzigartig und wertvoll. Gehe ihn mit Stolz und Gelassenheit.

Eins ist klar: Das Leben ist ein Weg voller Herausforderungen und Hindernisse, die uns oft daran hindern, unsere wahren Ziele zu erreichen. Doch bedenke: Jedes Hindernis birgt auch eine Chance zur persönlichen Entwicklung und spirituellen Erhebung. In diesem Kapitel wollen wir uns damit beschäftigen, wie du diese Hindernisse nicht nur überwinden, sondern sogar als Treppenstufen zu deinem höheren Selbst nutzen kannst.

1. Akzeptanz und Bewusstsein: Der erste Schritt zur Überwindung von Hindernissen ist die bewusste Akzeptanz ihrer Existenz. Statt dich gegen die Hindernisse zu sträuben, nimm sie an und betrachte sie als Teil deines Weges. Indem du Hindernisse bewusst wahrnimmst, gewinnst du die Kontrolle über deine Reaktionen und öffnest dich für deren Lektionen.

2. Innere Reflexion und Selbstverständnis: Oft spiegeln Hindernisse innere Konflikte und ungelöste Fragen wider. Nutze diese Momente, um tief in dich selbst einzutauchen. Frage dich, welche persönlichen Muster oder Überzeugungen diese Hindernisse hervorrufen könnten. Durch Selbstreflexion gewinnst du Klarheit und stärkst deine spirituelle Verbindung.

3. Geduld und Ausdauer: Der Weg zur Überwindung von Hindernissen ist selten geradlinig. Es erfordert Geduld und Ausdauer,
   um kontinuierlich an deinen Zielen festzuhalten, auch wenn der Weg steinig erscheint. Die spirituelle Entwicklung geschieht nicht über Nacht, sondern durch
   beständige Bemühungen und die Bereitschaft, auch Rückschläge als Teil des
   Wachstumsprozesses anzunehmen.

4. Vertrauen in das Universum: Glaube daran,
   dass das Universum einen größeren Plan
   für dich hat. Vertraue darauf, dass selbst
   die schwierigsten Hindernisse dich letztlich
   auf den richtigen Weg führen. Wenn du dich
   dem Fluss des Lebens hingibst und darauf
   vertraust, dass alles zum Guten führt, wirst
   du eine tiefere innere Ruhe und Gelassenheit erfahren.

5. Entwicklung einer spirituellen Praxis: Eine
   regelmäßige spirituelle Praxis, sei es Meditation, Gebet oder Achtsamkeit, kann dir
   helfen, deine innere Stärke zu stärken und
   dich mit einer höheren Quelle zu verbinden.
   Diese Praktiken bieten dir einen Raum der
   Klarheit und Erneuerung, selbst inmitten
   der größten Herausforderungen.

Merke: Hindernisse sind nicht dazu da, dich auf-
zuhalten, sondern dich zu formen und zu lehren.
Sie sind die Prüfsteine auf deinem Weg zum Sigma-

Mann. Nutze sie weise, lerne aus ihnen und erkenne die spirituelle Tiefe, die sie dir offenbaren können. Auf diesem Pfad wirst du nicht nur über Hindernisse triumphieren, sondern auch in jeder Herausforderung eine Gelegenheit zum Wachstum und zur Transformation finden.

23. Das Gleichgewicht zwischen Isolation und Verbundenheit finden

Die Kunst des ausgewogenen Lebens

Du stehst an der Schwelle zwischen zwei Welten. Einerseits die stille Einsamkeit, andererseits das pulsierende Leben in Gesellschaft. Zwischen diesen Polen liegt das Geheimnis des ausgewogenen Lebens, das wir nun erkunden wollen.

Die Kunst der Isolation

Isolation bedeutet nicht Einsamkeit im herkömmlichen Sinne. Es ist vielmehr eine bewusste Entscheidung, sich von äußeren Einflüssen zurückzuziehen, um die innere Stimme klarer zu hören. In der Stille der Einsamkeit finden wir Raum für Selbstreflexion und spirituelles Wachstum. Hier können wir uns von den oberflächlichen Strömungen der Welt lösen und unser eigenes Wesen tiefer erkunden.

Ein Sigma-Mann versteht die Kraft der Isolation als Werkzeug zur Selbstfindung und zum Aufbau innerer Stärke. Indem er sich zurückzieht, umgibt er sich nicht mit Lärm, sondern mit Ruhe. Er nutzt diese Zeit, um seine Gedanken zu ordnen, seine Ziele zu klären und seinen spirituellen Pfad zu vertiefen.

Die Kunst der Verbundenheit

Verbundenheit hingegen ist der Akt des Teilens und der Gemeinschaft. Es ist das bewusste Eingehen von Beziehungen zu anderen Menschen, basierend auf gegenseitigem Respekt und Verständnis. Ein Sigma-Mann wählt seine Verbindungen sorgfältig aus, nicht aus Einsamkeit, sondern aus einer inneren Fülle heraus. Er schätzt die Qualität der Interaktionen über die Quantität der Kontakte.

In der Verbundenheit findet er Inspiration, unterstützende Gemeinschaft und die Möglichkeit, seine Ideen und Visionen zu teilen. Er bringt seine einzigartige Perspektive in Gruppen ein, ohne sich dabei zu verlieren. Diese Balance zwischen Nähe und Distanz ermöglicht es ihm, authentisch zu bleiben und gleichzeitig von anderen zu lernen.

Das Gleichgewicht finden

Das Gleichgewicht zwischen Isolation und Verbundenheit zu finden, ist eine lebenslange Reise. Es erfordert Achtsamkeit und Selbstkenntnis. Ein Sigma-Mann lernt, wann er sich zurückziehen muss, um wieder in Einklang mit sich selbst zu kommen, und wann er sich öffnen sollte, um mit anderen zu wachsen.

Indem er diese beiden Pole meistert, erfährt er eine tiefe innere Harmonie. Er ist in der Lage, sein eigenes Licht strahlen zu lassen, während er gleichzeitig die Schönheit und Vielfalt des menschlichen Miteinanders schätzt. Diese Balance ist keine statische Position, sondern ein dynamischer Tanz, der ihm erlaubt, flexibel auf die Herausforderungen des Lebens zu reagieren und dabei seine Authentizität zu bewahren.

Die Bedeutung von Flexibilität und Anpassungsfähigkeit

In der Suche nach dem Sigma-Mann ist es unumgänglich, die Bedeutung von Flexibilität und Anpassungsfähigkeit zu erkennen. Wie der Bambus im Wind, der sich biegt, aber nicht bricht, so ist auch der Sigma-Mann fähig, sich den Gegebenheiten des Lebens anzupassen, ohne seine innere Stärke zu verlieren.

Flexibilität bedeutet nicht, sich den Umständen bedingungslos zu unterwerfen, sondern vielmehr, die Fähigkeit zu besitzen, auf Veränderungen zu reagieren, ohne dabei seine Ziele aus den Augen zu verlieren. Ein Sigma-Mann kennt seine Ziele genau, doch er weiß auch, dass der Weg dorthin oft verschlungen ist und sich unvorhergesehene Hindernisse auftun können.

Anpassungsfähigkeit wiederum ist die Kunst, sich in unterschiedlichen Situationen zurechtzufinden und das Beste aus ihnen herauszuholen. Ein Sigma-Mann ist kein Sklave seiner Gewohnheiten, sondern ein Meister der Anpassung, der sowohl im stürmischen Ozean als auch im ruhigen Hafen gleichermaßen zu navigieren vermag.

Wenn du dein eigenes Sigma-Potenzial entwickeln möchtest, so bedenke stets, dass wahre Stärke nicht in Starrsinn liegt, sondern in der Fähigkeit, sich den Herausforderungen des Lebens mit offenem Geist und einem flexiblen Herzen zu stellen. Die Welt ist im Wandel begriffen, und der Sigma-Mann ist bereit, sich diesem Wandel anzupassen, ohne seine Überzeugungen zu verlieren.

In der Flexibilität und Anpassungsfähigkeit offenbart sich nicht nur äußere Stärke, sondern auch eine tiefe spirituelle Weisheit. Indem du dich den Wellen des Lebens ergibst und dennoch deine innere Mitte bewahrst, erlangst du jene Ruhe und Gelassenheit, die den wahren Sigma-Mann auszeichnen.

Die verschiedenen Facetten des Glücks

Glück ist ein vielschichtiges Konzept, das sich nicht auf einen einzigen Aspekt reduzieren lässt. Es ist wie ein Kaleidoskop aus unterschiedlichen Farben und Formen, die je nach Perspektive und Lebensphase eine andere Bedeutung annehmen können.

1. Innere Harmonie und Selbstakzeptanz

Echte Erfüllung beginnt oft mit der inneren Arbeit an uns selbst. Es geht darum, uns selbst anzunehmen mit all unseren Stärken und Schwächen. Wenn wir in Frieden mit uns selbst leben können, öffnen wir die Tür zu einem tiefen inneren Glück, das unabhängig von äußeren Umständen bestehen kann.

2. Bedeutungsvolle Beziehungen

Menschen sind soziale Wesen, und bedeutungsvolle Beziehungen spielen eine zentrale Rolle für unser Glücksempfinden. Es geht dabei nicht nur um romantische Partnerschaften, sondern auch um Freundschaften, familiäre Bindungen und die Gemeinschaft, zu der wir gehören.

3. Erfüllung durch persönliche Entwicklung

Das Streben nach persönlichem Wachstum und die kontinuierliche Weiterentwicklung unserer Fähigkeiten und Talente können tiefe Befriedigung und Glück bringen. Es geht darum, unsere Potenziale zu entfalten und uns stetig weiterzuentwickeln.

4. Sinnhaftigkeit und Spiritualität

Für viele Menschen ist das Streben nach einer tieferen spirituellen Verbindung oder die Suche nach einem höheren Sinn im Leben ein wesentlicher Bestandteil der persönlichen Erfüllung. Dies kann durch religiöse Praktiken, Meditation, Naturverbundenheit oder andere spirituelle Wege erreicht werden.

5. Das Gleichgewicht von Geben und Nehmen

Ein ausgewogenes Verhältnis zwischen Geben und Nehmen kann ebenfalls zum Glück beitragen. Wenn wir anderen Gutes tun und dabei auch lernen, selbst Unterstützung anzunehmen, schaffen wir eine positive Energie, die uns und anderen zugutekommt.

6. Achtsames Leben im Hier und Jetzt

Das bewusste Leben im gegenwärtigen Moment, ohne ständig an die Vergangenheit zu denken oder die Zukunft zu planen, kann uns helfen, den Augenblick zu schätzen und das Leben intensiver zu erleben.

Fazit

Die Suche nach persönlicher Erfüllung und Glück ist eine lebenslange Reise, die verschiedene Phasen durchläuft und von individuellen Erfahrungen geprägt ist. Es geht darum, die Vielfalt der Facetten des Glücks zu erkunden, zu verstehen und anzunehmen, um in Harmonie mit uns selbst und unserer Umwelt zu leben.

In dieser Erkenntnis liegt die Grundlage dafür, ein Sigma-Mann zu werden, der nicht nur äußerlich, sondern auch innerlich im Einklang mit seiner wahren Natur und seinem spirituellen Kern lebt.

Die individuelle Definition von Erfüllung

Du stehst an einem Wendepunkt deines Lebens, wo die Frage nach Erfüllung nicht mehr nur eine theoretische Überlegung ist, sondern zu einer drängenden Sehnsucht geworden ist. Vielleicht hast du das Gefühl, dass die üblichen Maßstäbe von Erfolg und Glück nicht mehr ausreichen, um die Leere in deiner Seele zu füllen. Vielleicht hast du erkannt, dass wahre Erfüllung nicht im Äußeren zu finden ist, sondern in der tiefen Verbundenheit mit dir selbst und mit dem Universum.

Erfüllung ist kein fertiges Produkt, das du einfach erlangen kannst, indem du bestimmte Ziele erreichst oder materielle Güter erwirbst. Sie ist vielmehr ein fortwährender Prozess der Entdeckung und des Wachstums, der dich auf eine Reise der Selbstfindung und spirituellen Vertiefung führt.

Schau in dich hinein. Was bedeutet Erfüllung für dich persönlich? Ist es die Freiheit, deine Leidenschaften auszuleben und deine Talente zu entfalten? Ist es die tiefe Verbindung zu anderen Menschen und zur Natur? Oder vielleicht ist es der Frieden und die Gelassenheit, die du in dir selbst findest, wenn du deinem Herzen folgst und deinen inneren Ruf hörst?

Jeder Mensch hat seine eigene einzigartige Definition von Erfüllung. Für den einen mag es bedeuten, ein einfaches und harmonisches Leben zu führen, fernab vom Trubel der modernen Welt. Für den anderen kann Erfüllung bedeuten, einen Beitrag zu leisten, der über das eigene Leben hinausreicht und anderen Menschen Hoffnung und Inspiration schenkt.

Erfüllung ist eng mit Spiritualität verbunden. Es geht darum, sich mit dem größeren Ganzen zu verbinden, das uns umgibt, sei es durch Meditation, durch Naturerlebnisse oder durch das Erleben von Dankbarkeit für die kleinen Wunder des Lebens.

Auf deiner Reise zum Sigma-Mann ist es wichtig, diese individuelle Definition von Erfüllung zu finden und sie als Leitstern zu nutzen. Lass dich nicht von äußeren Erwartungen oder gesellschaftlichen Normen leiten, sondern höre auf die leise Stimme deiner Seele, die dir den Weg weist.

Nimm dir Zeit, um darüber nachzudenken, was dich wirklich erfüllt. Schreibe es auf, meditiere darüber oder tausche dich mit Menschen aus, die ähnliche spirituelle Werte teilen. Je klarer du deine Definition von Erfüllung erkennst, desto mehr wirst du in der Lage sein, dein Leben in Einklang mit deinen innersten Sehnsüchten und Überzeugungen zu gestalten.

In der Stille deines Herzens liegt die Quelle der wahren Erfüllung. Öffne dich für sie und lass sie dein Leben auf eine tiefere, bedeutungsvolle Ebene heben.

24. Die Zukunft gestalten und die Welt prägen

Die Rolle des Sigma-Mannes in einer
sich wandelnden Welt

wir stehen an der Schwelle einer neuen Ära. Eine Ära, in der die Welt sich rasant verändert und neue Möglichkeiten sowie Herausforderungen mit sich bringt. In solchen Zeiten ist es besonders wichtig, dass wir uns als Sigma-Männer unserer Rolle bewusst sind und unsere einzigartigen Fähigkeiten nutzen, um nicht nur uns selbst, sondern auch die Welt um uns herum zu gestalten und zu prägen.

Als Sigma-Mann bist du kein Mitläufer der Trends, sondern ein Gestalter des Wandels. Du betrachtest die Welt aus einer Perspektive der Tiefe und des Verständnisses. Deine spirituelle Verbundenheit mit dem Universum und dein Streben nach persönlicher Entwicklung machen dich zu einem Pionier des Geistes.

In einer sich wandelnden Welt ist es einfach, von den Strömungen mitgerissen zu werden. Doch ein Sigma-Mann bleibt ruhig inmitten des Sturms. Er erkennt die Muster hinter den Oberflächenerscheinungen und nimmt bewusste Entscheidungen für seine Zukunft und die Zukunft anderer.

Deine Rolle als Sigma-Mann ist es, nicht nur deinen eigenen Weg zu finden, sondern auch eine Inspiration für andere zu sein. Indem du deine Einzigartigkeit zelebrierst und deine Visionen verfolgst, ermutigst du andere, ebenfalls mutig ihren eigenen Pfad zu gehen.

Die Welt braucht mehr denn je Männer wie dich, die mit einem klaren Geist und einem offenen Herzen voranschreiten. Du trägst die Verantwortung, deine Gaben zu erkennen und sie zum Wohle aller einzusetzen. Sei ein Katalysator für Veränderung, sei ein Leuchtfeuer für diejenigen, die im Dunkeln nach Orientierung suchen.

Nimm dir Zeit, um über deine Ziele und Träume nachzudenken. Visualisiere, wie du die Welt beeinflussen möchtest, sei es durch deine Kunst, deine Ideen, dein Handeln oder deine Worte. Jeder Schritt, den du setzt, hinterlässt Spuren in der Geschichte und formt die Zukunft, die wir gemeinsam gestalten.

Die Welt ist im Wandel, und du bist ein Teil dieses Wandels. Deine Aufgabe ist es, nicht nur anzupassen, sondern aktiv zu gestalten. Bleibe stark in deiner Überzeugung, sei weise in deinen Entscheidungen und sei bereit, die Welt mit deiner einzigartigen Essenz zu bereichern.

Möge dein Weg klar und dein Herz offen sein auf diesem spirituellen Pfad der Gestaltung und Prägung.

Der Beitrag zur Gestaltung einer besseren Zukunft

Du stehst an einem Scheideweg, umgeben von den Scherben vergangener Tage und den ungeschriebenen Seiten deiner Zukunft. In diesen Momenten der Reflexion erkennst du, dass der Weg eines Sigma-Mannes nicht nur eine persönliche Reise ist, sondern auch eine Verpflichtung zur Mitgestaltung einer besseren Zukunft für alle.

Die Welt, in der wir leben, ist ein Kaleidoskop aus Träumen und Realitäten, aus Hoffnungen und Herausforderungen. Als Sigma-Mann begreifst du, dass deine Rolle über das Individuum hinausgeht. Du bist ein Architekt des Wandels, ein Samenkorn für die Ideen, die die Welt um dich herum formen können.

Dein Beitrag zur Gestaltung einer besseren Zukunft beginnt bei dir selbst. Indem du die Tiefe deiner Seele erkundest, die Stärke deines Geistes kultivierst und die Weisheit deines Herzens nährst, wächst du über die Grenzen des Gewöhnlichen hinaus. Du wirst zu einer Quelle der Inspiration und des Wandels, nicht durch Lautstärke, sondern durch die Klarheit deiner Überzeugungen und die Authentizität deines Seins.

Ein Sigma-Mann betrachtet nicht nur die Gegenwart, sondern auch die Zukunft mit einem geöffneten Geist und einem weiten Herzen. Du erkennst die Notwendigkeit, alte Paradigmen herauszufordern und neue Möglichkeiten zu schaffen. In deiner Einsamkeit findest du die Stärke, deine Visionen zu formen und deine Träume zu verwirklichen.

Doch die wahre Größe eines Sigma-Mannes liegt nicht in der Einsamkeit, sondern in der Fähigkeit zur Verbindung. Du erkennst die Kraft der Gemeinschaft und die Bedeutung des kollektiven Fortschritts. Indem du andere inspirierst, ihre eigenen

Wege zu gehen, schaffst du ein Netzwerk von Gleichgesinnten, das stark genug ist, um die Welt zu verändern.

Denke darüber nach, welchen Beitrag du leisten kannst, um das Leben der Menschen um dich herum zu bereichern. Vielleicht ist es durch deine Kreativität, deine Weisheit oder deine Führung. Vielleicht ist es durch deine Fähigkeit, Brücken zu bauen, zwischen Ideen und Menschen, zwischen Vergangenheit und Zukunft.

Eine bessere Zukunft entsteht nicht über Nacht, noch allein durch die Anstrengungen eines Einzelnen. Sie erfordert Geduld, Ausdauer und die Bereitschaft, über den Horizont des Augenblicks hinauszublicken. Als Sigma-Mann trägst du die Verantwortung, die Welt nicht nur zu akzeptieren, wie sie ist, sondern sie aktiv mitzugestalten.

In deiner Tiefe und Spiritualität liegt die Fähigkeit, eine Vision zu schmieden, die über Generationen hinaus strahlt. Du bist ein Träumer und ein Macher zugleich, ein Pionier auf dem Pfad des Fortschritts und ein Bewahrer der Werte, die wirklich bedeutsam sind.

Möge dieser Weg dich führen zu neuen Horizonten, zu einem Erbe, das über dein Leben hinausgeht, und zu einer Zukunft, die durch deine Präsenz und deine Weisheit geprägt ist. Wage es, die

Welt zu verändern, beginnend mit einem Gedanken, einer Tat, einem Kapitel in der Geschichte der Menschheit – deinem Kapitel.

Glaube an die Kraft, die in dir ruht, und an die unendlichen Möglichkeiten, die vor dir liegen. Denn in jedem Moment der Entscheidung liegt die Möglichkeit, die Welt auf eine Weise zu gestalten, die nur ein Sigma-Mann verstehen kann.

So long!

Dein
Nick Olsen